# 《世界政治研究》
# WORLD POLITICS STUDIES

**图书在版编目(CIP)数据**

世界政治研究．2023年．第二辑：总第十八辑／中国人民大学国际关系学院主办．—北京：中国社会科学出版社，2023．4

ISBN 978－7－5227－2645－8

Ⅰ．①世…　Ⅱ．①中…　Ⅲ．①国际政治—研究　Ⅳ．①D5

中国国家版本馆CIP数据核字（2023）第189457号

出 版 人　赵剑英
责任编辑　白天舒
责任校对　师敏革
责任印制　王　超

出　　版　中国社会科学出版社
社　　址　北京鼓楼西大街甲158号
邮　　编　100720
网　　址　http://www.csspw.cn
发 行 部　010－84083685
门 市 部　010－84029450
经　　销　新华书店及其他书店

印　　刷　北京明恒达印务有限公司
装　　订　廊坊市广阳区广增装订厂
版　　次　2023年4月第1版
印　　次　2023年4月第1次印刷

开　　本　787×1092　1/16
印　　张　8.5
字　　数　151千字
定　　价　58.00元

# 世界政治研究

2023 年第二辑(总第十八辑)　　4 月 20 日出版

# 笔谈：中国国际政治经济学知识体系

**【编者按】** 习近平总书记2022年4月25日在中国人民大学考察调研时强调“加快构建中国特色哲学社会科学，归根结底是建构中国自主的知识体系。”作为国际关系学的一个新兴领域，国际政治经济学于20世纪70年代首先兴起于西方，随后不久就引入到中国。而中国改革开放的进程产生了对国际政治经济学的内生需要，马克思主义政治经济学在中国的深厚土壤则有利于国际政治经济学在中国的本土化。因此，中国国际政治经济学从一开始起步就不是对西方知识体系的简单移植，而是扎根于中国大地。在建构中国自主知识体系的进程中，进一步推动国际政治经济学学科体系、学术体系和话语体系的建设，无疑是中国国际政治经济学学者的重要使命。本刊约请9位学者对这一问题进行多维度的讨论。我们期待这组笔谈文章能激发学界对如何构建中国国际政治经济学知识体系进行更深入的思考。

## 国际政治经济学在中国的缘起

宋新宁*

政治经济学从重商主义开始，在经历了近300年的发展之后，又有过半个多

* 宋新宁，香港中文大学（深圳）人文社科学院教授。

世纪的消匿时期，从 20 世纪 50 年代开始重新复兴。政治经济学引入国际问题研究是 20 世纪 70 年代，以苏珊·斯特兰奇 1970 年发表的《国际经济学与国际关系学：一个彼此忽视的例证》（International Economics and International Relations: A Case of Mutual Neglect）一文为开端。国际政治经济学在中国的缘起，是从两个路径展开的：一是引进和借鉴西方的国际关系理论。二是中国大学公共政治理论课的建设。前者大家比较清楚，后者过去谈论的不多。

中国国际关系学界引进和借鉴西方的国际关系理论，自 20 世纪 80 年代初就开始了。1981 年，《世界经济与政治》就发表过介绍西方国际政治经济学的论文。陈汉文的《在国际舞台上》（四川人民出版社 1985 年版）、倪世雄和金应忠主编的《当代美国国际关系理论流派文选》（学林出版社 1987 年版）都系统介绍了西方国际政治经济学理论。80 年代后期，《国外社会科学》《国外社会科学文摘》等杂志发表了介绍西方国际政治经济学理论和方法的文章。布鲁诺·弗雷的《国际政治经济学》(重庆出版社 1987 年版)、罗伯特·吉尔平的《国际关系的政治经济学》(经济科学出版社 1989 年版)、苏珊·斯特兰奇的《国家与市场：国际政治经济学导论》(经济科学出版社 1990 年版)、罗伯特·基欧汉和约瑟夫·奈的《权力与相互依赖：转变中的世界政治》(中国公安大学出版社 1992 年版)、罗伯特·吉尔平的《战争与世界政治的变革》（中国人民大学出版社 1994 年版）等著作，都是在 80 年代后期和 90 年代初翻译出版的。中国人民大学举办的中美国际关系教师讲习班从 1992 年起，先后邀请了包括史蒂芬·克拉斯纳（Stephen Krasner)、约翰·奥戴尔（John Odell)、邓肯·施耐德（Duncan Snidal)、托马斯·比尔斯戴克（Thomas Biersteker)、斯蒂芬·哈格德（Stephen Haggard）在内的一批美国国际政治经济学大咖来华讲学。

中国高校公共政治理论课这个路径，起始于 80 年代中期。1985 年中共中央政治局发出了改革学校思想品德和政治理论课程教学的通知，指出在大学的政治理论课中“应向学生介绍当代世界政治经济的基本状况，国际关系的基础知识，帮助学生开阔视野，使他们在对外开放的环境下有坚定的立场和较强的适应能力。”据此，中国的高等院校普遍开设了《当代世界政治经济与国际关系》等课程。同年，教育部思想政治教育司成立了公共课指导委员会，负责编写教学大纲和教学要点。笔者参加了《当代世界政治经济与国际关系》教学大纲和教学要点的编写工作，其他的参与者还有北京大学的张汉清教授、梁守德教授、中国政法大学的卢汉章教授、北京师范学院的王朝文教授等。在教学大纲和教学要点的编写过程中，一个核心的问题是如何将国际政治、世界经济和国际关系三者融合在一起，对此始终没有一个定论。最终的教学要点就是三部分的拼装，即国际政治、世界经济和战后国际关系史。1986 年，中国人民大学受北京市委宣传部的委托，编写了第一部《当代世界经济与政治》的教材（北京师范学院出版社 1986 年版），由杜厚文和冯特君主编。此后，国内先后出版了一大批《当代世界经济政治与国际关系》的公共课教材。教育部也组织编写了由梁守德和冯特君主编的《当代世界政治经济与国际关系概论》统编教材（高等教育出版社 1989 年版）。在此期间，笔者一直考虑是否可以将国际政治经济学作为《当代世界政治经济与国际关系》课程的主线，并在北京大学 1991 年夏天举办的《跨世纪的挑战：中国国际关系学科的发展》国际会议上，提交了《中国的国际政治经济学研究：挑战・困境・出路》的论文，其基本思路就是按照《当代世界政治经济与国际关系》的公共政治理论课建构的，例如，文章提出迫切需要研究的国际政治经济现实理论问题主要包括：东西方关系的政治经济及其相互作用；南北关系的政治经济及其相互作用；垄断资本主义国家之间相互关系中的政治经济；社会主义国家间相互关系的政治经济；第三世界国家间相互关系的政治经济；跨国政治与跨国组织在国际政治经济中的作用问题；国际政治经济与全球问题。① 这些问题，都是公共政治理论课教学中的重要问题。

1991 年秋，笔者离开了教学指导委员会，去英国伦敦经济与政治学院做研究学者，主攻的就是国际政治经济学。在英国进修期间我进一步意识到，国际政治经济学，特别是马克思主义国际政治经济学，应该成为中国高校公共政治理论课的一条主线，或指导思想，否则只讲国际形势，如何体现马克思主义理论教育呢？1992 年回国后，我向教学指导委员会提出了我的看法，并编写了初步的《国际政治经济学概论》的大纲。当时指导委员会的梁守德教授、冯特君教授等都很赞成和支持我的意见。但是大家又觉得在实践中不可行，因为按照当时的情形，把马克思主义国际政治经济学作为这门公共政治理论课的主线，只有人大、北大、复旦能做到，其他学校没有相应的师资，同时，又与马克思主义政治经济

① 宋新宁：《中国的国际政治经济学研究：挑战・困境・出路》，载袁明主编：《跨世纪的挑战：中国国际关系学科的发展》，北京：北京大学出版社 2007 年版，第 229—248 页。

学这门公共政治理论课重叠。鉴于此，中国人民大学国际政治系率先开始了国际政治经济学的专业课建设，并于 1993 年秋季正式在中国人民大学国际政治系开设了《国际政治经济学概论》。

1998 年，教育部将《当代世界政治经济与国际关系》课程改为《当代世界经济与政治》，并且作为选修而非必修课。笔者以为，把国际政治经济学融入公共政治理论课的机会又来了，先后在 1999 年和 2000 年发表了两篇文章，《国际政治经济学：国际关系研究的新领域》（《国际论坛》1999 年第二期）和《马克思主义政治经济学对国际政治经济学的理论贡献》（《教学与研究》2000 年第 2 期），并明确提出，“作为一门马克思主义理论教育课程，如何体现马克思主义理论的完整性和指导性，如何将马克思主义理论与当代世界经济与政治的现实紧密结合起来，是进行该课程教学所面临的重要课题”；“运用马克思主义政治经济学和国际政治经济学理论，是建立系统、完整的马克思主义政治理论课程的可行之路。以马克思主义政治经济学和国际政治经济学理论作为贯穿于当代世界经济与政治教学的基本理论线索，运用马克思主义辩证唯物主义和历史唯物主义的基本方法可以使我们更加深入、准确地把握当前世界经济和国际政治格局发展的基本脉络，分析世界主要国家和地区在战后，特别是冷战后加速改革的内在动因，了解各种不同的国际政治经济行为主体和角色的行为和互动关系，从而洞察当今纷繁复杂的国际形势。同时，这也是加强马克思主义理论教育的重要内容，是继承和发展马克思主义的重要途径。”① 当然，我的论辩还是没有得到积极的响应。

尽管如此，笔者在国际政治经济学专业教材编写上仍试图把马克思主义理论和国际政治经济学理论结合起来。1999 年，笔者和陈岳教授合著的《国际政治经济学概论（第 1 版）》（以下简称《概论》）由中国人民大学出版社正式出版。复旦大学樊勇明教授对该书的特色给予了如下评价：“很明显，《概论》对国际关系中政治经济互动的理解和阐述是以马克思主义关于政治经济相互关系的论述为基础和起点的。无论是从整体布局还是具体的论述，从标题到内容都非常严格地遵循了这一点。在坚持马克思主义基本观点、基本立场和基本方法上，《概论》确实达到了很高的水平。通篇的视角是对国际关系的马克思主义政治经济

① 宋新宁：《马克思主义政治经济学对国际政治经济学的理论贡献》，《教学与研究》2000 年第 2 期，第 35—36 页。

学分析。这也许是《概论》的作者为建设有中国特色的国际政治经济学理论体系所作的一种探索和努力吧。”①

应该说，中国高校公共政治理论课程的建设，对于中国国际政治经济学的发展还是具有重要作用的，至少对激发笔者本人对国际政治经济学的兴趣起了重大作用。也正是20多年的《当代世界政治经济与国际关系》以及后来《当代世界经济与政治》的公共政治理论课教学，培养了一大批从事该领域教学和研究的有生力量，为后来国际政治经济学在中国的普及奠定了一定基础。

# 国际政治经济学的制度化与自主知识体系构建

王正毅*

在自主构建一门学科知识体系的过程中，通常有两件事是非常重要的，一是学科知识体系的来源和创新，二是学科的制度化。如果基于这两个标准来评价国际政治经济学在中国过去40多年的发展，我们可以肯定地说，伴随着中国改革开放的伟大历史进程，国际政治经济学作为一门学科，过去40多年在中国学术界得到了飞速的发展，取得了令人瞩目的成就，得到了广泛的认同。关于国际政治经济学作为一门学科在中国的发展过程中其知识体系的来源和创新，国内外已有大量文章进行了总结，本文不再赘述。作为这一学科建设和发展的亲历者，回顾国际政治经济学在中国40多年的发展历程，笔者认为还有另外一个问题不能忽视，就是这门学科在中国大学系统的制度化问题。如果知识体系的来源和内容的创新可以通过学者个体发表论文或著作完成，学科的制度化则不可能由单个学者所能完成，只有通过机构甚至国家才能完成学科制度化。如果没有学科的制度化，自主知识体系的构建就容易沦为一句空话。

在国际政治经济学在中国过去40多年的发展历程中，如果从自主知识体系

---

① 樊勇明：《西方国际政治经济学理论与流派》，上海：上海人民出版社2003年版。

* 王正毅，北京大学国际关系学院教授，教育部长江学者特聘教授。

的制度化来看，有四个里程碑式的事件不容忽视：一是专业课程设定；二是学科学位点建设；三是自主教材建设；四是学术共同体建设。

一是专业课程设定。在国际政治经济学作为一门学科的发展过程中，最为重要的是一件事就是 1994—1995 年在教育部审定的普通高等学校本科专业目录中，将《国际政治经济学》列为国际政治和外交学专业的主干基础课程。将《国际政治经济学》作为一门独立的课程列入相关专业的主干基础课程，这是学科制度化最为重要的一步。在此前的全国高等院校的所有本科生基础教育中，有一门所有专业的必修课程——《世界政治经济与国际关系》，将《国际政治经济学》作为一门与之不同的课程，不仅涉及学科知识体系的来源和内容的创新，也关系到相关专业建设的变革。虽然我们今天无法确认哪些学者是具体的推动者，但从诸多学者的回忆和既有历史资料的记载中，我们可以确定的是，北京大学、中国人民大学和复旦大学在其中起了关键性的作用。因为这三所大学的国际政治系在 20 世纪 90 年代都对 20 世纪 60 年代以来所讲授的国际政治（亚非拉民族解放运动、国际共产主义运动、欧美资本主义）内容进行了调整，以回应冷战的结束、国际秩序的变革以及中国改革开放的历史进程。比如，宋新宁教授自 1993 年起就在中国人民大学国际政治系开设了《国际政治经济学概论》课程。多年之后，在政治学类专业教育中，北京大学王正毅教授主持的本科生课程《国际政治经济学》于 2008 年被评为“国家级精品课程”和“北京市精品课程”，并于 2023 年入选第二批“国家级一流本科课程”；复旦大学张建新教授主持的本科生课程《国际政治经济学》于 2015 年被评为“上海市精品课程”；中国政法大学任洪生教授主持的本科生课程《国际政治经济学》（线上线下混合式）于 2023 年入选第二批“国家级一流本科课程”。根据统计，在 2021 年和 2023 年教育部公布的两批入选“国家级一流本科课程”的名单中，政治学类共有 21 门课程入选，其中《国际政治经济学》（线下）和《国际政治经济学》（线上线下混合式）占 2 门。目前“国际政治经济学”作为政治学类专业的一门课程，出现在许多大学政治学与行政学、国际关系、国际政治、外交学、国际事务等专业的课程目录中。

二是学科学位点建设。在国际政治经济学作为一门学科的制度化过程中，另一件重要的事是专业和学位点的设立，这直接关乎到国际政治经济学专业人才的培养。2002 年北京大学国际关系学院进行专业学科调整，2003 年率先在国内自主设立了国际政治经济学本科专业，成立了国际政治经济学系，并获得了硕士学位授予权，在国际关系专业设立了博士和博士后研究方向，为这门学科在中国的进一步发展奠定了制度化基础。随后，中国人民大学、复旦大学、外交学院、中国社会科学院也先后在国际政治或国际关系专业中设立国际政治经济学方向，招收硕士和博士研究生。2011 年，中国人民大学率先获得了国际政治经济学博士学位授予权，2012 年北京大学随后也获得了国际政治经济学博士学位授予权。特别值得一提的是，中国社会科学院大学在学部委员张宇燕研究员的推动下走得更远，2022 年成立了国际政治经济学院，为之前按照地区国别设立的研究所的教学和人才培养提供学科基础。

三是自主教材建设。在国际政治经济学作为一门学科的制度化过程中，第三件重要的事是专业教材的编写，这直接涉及自主知识体系内容的创新。从 20 世纪 80 年代至 90 年代中期，伴随改革和开放进程的不断深入，国内学术界为了更好地了解世界，主要从欧美国家翻译和引进国际政治经济学教材和著作。20 世纪 80 年代，复旦大学的倪世雄、桑玉成和中国国际问题研究中心的陈德熙等先生陆续对国际政治经济学的发展进行了介绍；20 世纪 90 年代初期，复旦大学的杨宇光先生翻译了盛行于欧美学术界的 IPE 两本导论性著作——苏珊·斯特兰奇的《国际政治经济学导论——国家与市场》（经济科学出版社 1990 年版）和罗伯特·吉尔平的《国际关系政治经济学》（经济科学出版社 1992 年版）。

从 20 世纪 90 年代末期开始，国内学术界出版了大量关于国际政治经济学的教材。这些教材的角度不同、重点有别，但对推动国际政治经济学自主知识体系的创新和广泛传播产生了重大影响。其中包括中国人民大学宋新宁教授和陈岳教授的《国际政治经济学概论》（中国人民大学出版社 1999 年版）、复旦大学国际关系和公共事务学院樊勇明教授的《西方国际政治经济学》（上海人民出版社 2001 年版）、北京大学国际关系学院王正毅教授的《国际政治经济学：理论范式与现实经验研究》（与张岩贵合著，商务印书馆 2003 年版）和朱文莉教授的《国际政治经济学》（北京大学出版社 2004 年版）、南京大学李滨教授的《国际政治经济学：全球视野下的市场与国家》（南京大学出版社 2005 年版）。特别值得一提的是，对国际关系进行政治经济学分析也引起了经济学界的关注，其标志性的成果是张宇燕研究员和李增刚教授的《国际经济政治学》（上海人民出版社 2008 年版）。所有这些，对于中国国际政治经济学的学科建设、学术研究以及自主知识体系起了巨大的推动作用。

随着国际政治经济学作为一门学科飞速发展，国际政治经济学的教材建设也被纳入国家自主知识体系建设的规划中。比如，国际政治经济学于2006年被列入教育部普通高等教育“十一五”国家级规划教材，王正毅教授的《国际政治经济学通论》(北京大学出版社2010年版)、宋新宁教授和田野教授的《国际政治经济学概论（第二版)》（中国人民大学出版社2015年版）均被列入其中。2010年，国际政治经济学又被列入教育部“马克思主义理论研究和建设工程”重点教材，由王正毅和李滨任首席专家，邀请北京大学（朱文莉、董昭华)、中国人民大学（田野、保建云)、复旦大学（张建新)、南京大学（沈伯平)、外交学院（曲博)、北京外国语大学（杨毅)、中国社会科学院（钟飞腾）和中央党校（熊洁）等组成教材编写组，经过近11年的努力，最终于2021年通过国家教材委员会的审定，出版了“马工程”重点教材《国际政治经济学》(高等教育出版社2021年版)。

四是学术共同体的建设。在国际政治经济学作为一门学科制度化过程中，第四件重要的事就是学术共同体的建设。在20世纪90年代国际政治经济学的发展过程中，学术界主要依靠与国际学术界的合作推进国际政治经济学的发展，如北京大学国际关系研究所的袁明教授1991年组织了“面向21世纪的挑战：中国国际关系学科的发展”国际学术会议，美国的国际政治经济学领军人物吉尔平教授应邀参会，中国人民大学的宋新宁教授提交了《中国的国际政治经济学研究：挑战·困境·出路》论文。宋新宁教授在中国人民大学组织了为期八年的“中美关系国际研讨班”（1990—1997年)，克拉斯纳、奥德尔、斯奈德等国际政治经济学者都在研讨班上授课。王正毅教授在任职南开大学时与美国亚洲国际问题研究促进会（PISA）合作组织了为期五年的“国际政治经济学与亚太区域化”国际合作项目（1995—2000年)，这些国际学术活动，不仅邀请了国际学术界的国际政治经济学的领军学者前来参加，而且也吸引了一大批国内的学者参与其中。这些国际学术交流活动对于拓宽中国国际关系研究的视野无疑起了积极的促进作用，同时也推动了中国学者对国际政治经济学的研究。

2010年中国社会科学院世界经济政治研究所、北京大学国际关系学院和国际关系学院共同发起“国际政治经济学论坛”，这是中国国际政治经济学学术共同体建设的标志性事件。之后，“国际政治经济学论坛”每年举办一次，国际关系学院（2011 年）、南开大学（2012 年）、复旦大学和上海外国语大学（2013 年）、广东外贸外语大学（2014 年）、郑州大学（2015 年）、青海社会科学院（2016 年）、西南财经大学（2017 年）、云南民族大学（2018 年）、南开大学（2019 年）、海南大学（2020 年）、宁夏大学（2021 年）、中国社会科学院世界经济与政治研究所和国际关系学院（2022 年）、新疆大学（2023 年）作为年度论坛主办单位积极参与其中。国际政治经济学论坛的设立标志着国际政治经济学学术共同体的成立，为学者们从事国际政治经济学的教学和研究提供了交流平台。参与论坛的人员既有来自政治学界的学者，也有来自经济学界的学者，这对于国际政治经济学这门交叉学科高质量的发展起了重要的推动作用。

国际政治经济学的自主知识体系建设之所以取得了长足的进步，也许有许多原因可供探究，但这四件大事不但推动了国际政治经济学这门学科在中国得以制度化，而且也使得国际政治经济学自主知识体系的构建成为可能。

# 国际政治经济学与比较政治经济学内在融合与促进

李　滨*

国际政治经济学从流派上可以分为三个流派：马克思主义流派、现实主义流派和自由主义流派。这三大派都有宏观与微观的研究分野，但在微观分野上与比较政治经济学密不可分。从这一视角看，国际政治经济学与比较政治经济学相互联系，相互促进。

当代马克思主义国际政治经济学流派的研究集中地反映在两个领域：一是发展中国家不发达的研究和（全球化过程中）西方工人运动的研究，二是全球资本主义政治经济体系的研究。① 前者研究集中在世界范围内对被压迫阶级或国家

* 李滨，复旦大学中国研究院教授。

① Jeffry A. Friden and David A. Lake, eds., *International Political Economy: Perspectives on Global Power and Wealth* ($4^{th}$ ed.), Routledge, 2003, pp. 11 – 12.

的研究（类似于马克思对工人阶级的研究），属于一种微观研究；后者是对资本主义世界体系的研究，大体属于一种宏观研究。前者以“依附理论”为代表；后者以世界体系理论和全球资本主义研究为代表，而“葛兰西主义学派”则是世界资本主义体系研究与西方工人运动相结合的理论。比如依附理论微观研究的色彩就比较突出，主要针对不同的发展中国家在资本主义的体系下为什么不发达的具体现实；而对世界资本主义体系的研究则宏观层面的特点更明显，集中研究资本主义作为体系整体的发展与演变。

这两个领域是有一定相互联系的，因为马克思主义的国际政治经济学理论大体都是一种整体的理论，主要是研究资本主义作为一种世界性结构对世界各国的影响（或者说帝国主义影响）。在这种影响下，发展中国家的不发达通过内部的生产关系以及政治、文化结构体现出来不同的特点。只要读过依附论的学者都可以发现不同的依附学者都是以不同的国家作为研究的对象，有的以巴西为案例，有的以阿根廷为案例，有的以新兴工业化国家如巴西、墨西哥为例，有的则把这些国家与那些发展停滞的国家（如厄瓜多尔、洪都拉斯）比较。虽然总体被概括出一些共同的特征，但在具体形式上各有特点，带有内部不同的具体的原因分析。后者严格说，是一种比较政治经济学。当然对发展中国家不发达的研究离不开对整体资本主义体系影响的研究。

现实主义国际政治经济学理论有两种研究角度。一种强调国际关系权力分配格局或国际政治结构是国家对外经济政策和国际经济关系的基础，它与国际政治现实主义理论的联系较为密切，是一种宏观的研究；另一种重视国内的官僚制度、政治体制、政治特征和利益分配关系对国家对外经济关系的作用，它的一些研究方法受一般政治学和行政学理论的影响，如被称为“官僚政治学研究方法”的国际政治经济学就受到两方面理论的影响，一是韦伯的“理性”现代官僚概念，二是美国组织理论中“非理性”官僚概念①。后一种研究可称为微观研究。

这两种研究并不是完全没有联系的，而是各有侧重。在宏观理论中，最著名的就是“霸权稳定论”。宏观研究中也有一定的国内政治因素作用，如果读过“霸权稳定论”，可以发现霸权的衰落形成的原因以及后霸权国的对外反应与不同的制度、国内政治经济有着一定的联系。微观研究虽然以国内体制作为应对外

① Peter Katzenstein, ed., *Between Power and Plenty*, Madison: University of Wisconsin Press, 1978, p. 14.

部政治经济为研究焦点，但也是以一定国际政治结构为前提的，即在外部的影响，国内的政治精英、游说集团和不同官僚集团是怎样以自身的利益对外部作出反应的。微观理论以彼特·卡赞斯坦（Peter Katzenstein）、彼特·艾文斯（Peter Evans）等人的一些作品为代表。比如卡赞斯坦所编的《权力与丰裕之间》就是选择不同的发达国家应对外部经济的反应，从中分析了它们内部体制对这种反应内在的作用。所以，这种微观的现实主义研究由于多从国内政治特点来分析国家的对外经济关系，因此往往带有比较政治经济学成分。

自由主义流派的国际政治经济学也同上述两个流派一样，有宏观与微观研究之分。宏观的自由主义国际政治经济学，强调世界经济的发展对国际政治的改造作用。这其中也存在极端主义的观点，即认为民族国家在世界经济一体化过程中已经让位于市场，国家主权受到了一些巨大的跨国公司权力的侵蚀，民族国家在世界经济全球化过程中正在逐步过时，并将其权力转让给更能适应新的国际环境的跨国组织，声称技术和市场的发展使经济消融政治已不可避免。

以自由制度主义最主要的代表罗伯特·基欧汉（Robert Keohane）和约瑟夫·奈（Joseph Nye Jr.）作品为例。两人在 20 世纪 70 年代末所写的《权力与相互依存》是自由制度主义的开山作品。该书的两位作者认为，民族国家仍然是国际政治关系中的主体，但相互依存的现实已经使得传统的军事权力主导国际关系的状况有所改变，军事权力在国际经济等领域的作用已经下降，对权力的认识不再简单化，因为控制结果的能力在各个领域中是不同的，而且国家的权力受到跨国机构的制约；因此，在这种复杂而又多层次的政治中，虽然传统权力政治仍然存在，但新的政治特征在相互依存的条件下也出现了，这种新的政治特征要求合作是实现国家利益的最佳方式。[①] 这其中谈到经济相互依存对国际政治的改造与改良作用。

1984 年出版的《霸权之后》一书是最能体现自由制度主义的理论著作。作者基欧汉系统地阐述了自由制度主义的理论。他认为，国际制度是世界经济的重要组成部分，国际制度是一个国际行为体与结果之间的中间变量或干预变量；它可以由霸权国建立，但是一旦建立它便可以形成自己独立的功能，即可以促进世界经济的有效运作，减少动荡，降低交易成本和不确定性，防止市场失灵和欺

---

① 约瑟夫·奈和罗伯特·吉尔平：《权力与相互依赖》（英文影印版），北京：北京大学出版社 2004 年版。

诈，因为国际体制中的规范、规则可以在一定程度上对国家的行为施加影响。另外，国际制度的存在可以使国家从中预见到自己未来利益实现的可能性和其他国家行为的可能性。基欧汉强调，即使国家是一个自私的自我利益的追求者，在一个无政府的世界中，即使没有霸权的存在，但由于国际制度的存在，它们也能进行合作。因为相比较一个没有国际制度的秩序而言，存在着一定的不足与缺陷的国际制度仍能相对地促进国家利益。① 基欧汉在他的理论中没有排斥国际政治现实主义的假定，如无政府的国际结构，国家是国际舞台的主要行为体，是一个理性行为体，追求利益的最大化，国家利益存在着冲突等。但是，他认为，国家在一个有国际制度的世界经济中仍可以得到益处，它们可以通过理性的比较，即“两弊相较取其轻，两利相较取其重”的选择来比较没有体制和有体制下的利益得失，从而选择保留既存的国际制度，即选择合作。因为没有制度的世界经济可能充斥着更大的不确定、动荡和欺诈，建立新的制度还可能存在着成本过大等不利因素。两者比较，前者比后者相对要好。基欧汉的新自由制度主义的理论虽然沿用了国际政治的现实主义假定，但同时对其中的国家利益与理性行为角色的假定进行了一定的修正，强调国家利益应是具体的，如财富的绝对增加，淡化了国家生存欲望的重要性，而更加强调相互依存对国家利益实现的作用；认为理性是自我利益的绝对增加，而不是相对于他国的利益增加。同时，基欧汉的理论引入现代经济学的公共商品理论、博弈论和公共选择理论（甚至包括某种福利经济学的思想）。

基欧汉继承了国际制度是一个公共商品的观点，它存在着“免费搭车”的无人付费的问题。同时，基欧汉引用多重博弈的思想，认为国际制度起到一个多次重复博弈状态下“未来阴影”的作用，使欺诈/背叛将来所付出的代价更大，由此可以减少欺诈/背叛。基欧汉把公共选择理论引入到他的国际合作的思想中，强调国际制度的设计必须体现出某种福利经济学的思想，即在增加自己利益的同时，也可以增加其他人的利益，至少不减少其他人的利益。他认为，美国在战后建立的国际经济制度在一定程度上就是这样一种制度。因此，他相信，即使美国的霸权衰落后，由于国际制度的潜在优点和国家作为一个理性行为体的思维，也可能继续维持这种国际制度，维系合作。正是这种工具理性的思维下的世界经济

① 关于自由制度主义的阐述参照了基欧汉的《霸权之后》（上海：上海人民出版社2003年版）和吉尔平的《全球政治经济学》（上海：上海世纪出版社集团2003年版）第四章的有关内容。

现实只能维持，从而克服传统的权力政治的弊端。

当代自由主义国际政治经济学微观研究（如果算是国际政治经济学的话），把研究的侧重点放在了国际经济关系变化（特别是经济全球化）对国内政治的改造上，注重世界经济相互依存关系的发展对国家内部政治关系的作用。这种研究也同样具有一定的比较政治经济研究的色彩。与宏观理论（应该说宏观理论中也有对国内政治的分析，但研究的重点是国际政治特征）相比，这种研究在国际研究领域影响力较小，但也不是没有出名的作者，如丹尼尔·尤金（Daniel Yergin）约瑟夫·斯坦尼斯洛（Joseph Stanislaw）的《制高点》（*The Commanding Heights*：*The Battle for the World Economy*）就是一部有名的比较研究作品（获得过普利策奖）。这一作品通过各国的比较，提出了什么样的国内体制、治理与改革最能赢得世界经济竞争的制高点。所以，如果仔细分析自由主义的国际政治经济学的宏观与微观研究，也可以发现两者都有联系，特别是微观研究中对宏观研究整体结构性影响的采纳。

三个流派的案例说明，比较政治经济学离不开宏观的国际政治经济学。各国政治经济体制特征甚至是历史演变过程，都与外部世界的政治经济整体结构有关。因为近代以来，资本主义的出现是一个最具有扩张色彩的生产体制，它影响着世界各国，成为制约各国政治经济的外部结构。而各国既有的政治、经济与文化传统与制度在与外部结构的碰撞中又产生了不同的兼具一定特色的政治经济体制和实践，即使其中一些体制和实践具有一定的趋同性。这为各国政治经济的比较与分析提供了来源。比较政治经济学研究不应当是静态的，仅仅分析一些国家政治经济体制即时性的特征，缺乏对动态的政治经济体制与实践的分析。这种静态的描述似乎可以不要宏观的国际政治经济学。如果关注动态的各国政治经济体制与实践，必然需要宏观的结构及其演化的分析。

同样，注重宏观研究的国际政治经济学也离不开微观的研究。如果没有对大国的政治经济深入的分析，就无法对世界政治经济的演进做出历史而具体性的分析，往往形成一种历史循环的简单叙事。因为世界政治经济体系（或者说世界秩序）总是体现出一定的历史阶段性特点。如英国治下的世界秩序、美国治下的世界秩序和全球化下的世界秩序都带有大国塑造的特点。忽视了这些特点的宏观研究似乎对现实是没有实际意义。这就是一般到具体的作用。没有具体就无法让人认识细节特征，也无法形成改造现实世界的方案。因为从“人类历史发展的考察中抽象出来的最一般的结果的概括如果离开了现实的历史就没有任何价值”，而且“也不可能提供可以适用于各个历史时代的药方或公式”。①

正因为如此，注重宏观的国际政治经济学只有与注重国别微观研究的比较政治经济学相互融合，才能促进两个不同的政治经济学共同发展。宏观研究为微观研究提供比较与差异的大背景，而微观研究为宏观研究提供时代、区域和国别的差异的素材。

# 关于建构国际政治经济学自主知识体系的思考

张建新*

发轫于英美的国际政治经济学，迄今已有半个多世纪的历史。20 世纪 90 年代，国际政治经济学在国际关系学中的地位可谓如日中天，以至于美国的《国际组织》杂志在其 50 周年纪念刊中，“毫不犹豫地将国际政治经济学作为解读框架，对国际关系学进行了新的解读。”② 正是在这期间，国际政治经济学悄然进入中国。当下美国的国际政治经济学已经发展到第四代学者，而中国国际政治经济学的第三代学者也已经登上了学术舞台。习近平总书记强调：“加快构建中国特色哲学社会科学，归根结底是建构中国自主的知识体系。”从构建国际政治经济学自主知识体系来说，中国几代学者都进行了自觉的探索和努力，但依然任重而道远。中国人民大学组织召开第七期比较国际政治经济圆桌会议，来自各高校的同仁相聚于斯，围绕“国际政治经济学知识体系、教材建设与交叉学科发展”这个主题展开对话，正是对构建自主知识体系这一重大学术使命的回应。

---

① 《马克思恩格斯文集（第 1 卷）》，人民出版社 2012 年版，第 526 页。

* 张建新，复旦大学国际关系与公共事务学院教授。

② 达里奥·巴蒂斯特拉：《国际关系理论》，潘革平译，北京：社会科学文献出版社 2010 年版，第 296 页。

## 一 复旦大学国际政治经济学的学科建设

国际政治经济学属于国际关系学的亚学科，具有交叉边缘性特点。回顾中国国际政治经济学的学科发展，可以说中国人民大学、北京大学、复旦大学三校的长辈学者们发挥了责无旁贷的领导力。在此，请允许笔者介绍复旦大学在构建国际政治经济学自主知识体系方面所做的努力。复旦大学国际政治系在全国高校中较早为本科生开设了这门课程，1999—2001 年先后招收国际政治经济学方向的硕士和博士研究生，2007 年成立了“复旦大学国际经济与政治研究中心”，2008 年该课程成为复旦大学精品课程，2015 年荣获上海市精品课程。目前，复旦大学是中国南方高校国际政治经济学教学科研的重镇和人才培养的基地。

总体上来说，我们的国际政治经济学有两个知识来源：一是以陈其人先生为代表的马克思主义政治经济学研究。陈先生自 1950 年起执教于复旦，他以毕生之力，对古典政治经济学、资产阶级庸俗政治经济学、货币理论和价值理论、危机理论和危机周期理论、殖民地理论和帝国主义理论等进行了博大而精深的研究。在此基础上，他从马克思主义政治经济学转向国际政治经济学，提出了自成一体的世界体系理论。

二是以樊勇明教授为代表的国际政治经济学研究。1998 年樊勇明教授自东瀛归来之时，正是国际政治经济学在欧美登峰造极之时，而当时复旦还没有真正意义的国际政治经济学课程。因此，樊老师决定把这门课程开起来，而首要的任务就是与国际接轨，全面引介西方国际政治经济学的理论知识体系。2001 年 1 月，《西方国际政治经济学》在上海人民出版社付梓，这本书作为一本入门之作，就像一把钥匙一样，打开了国际政治经济学的知识宝库，也为复旦大学国际政治经济学的学科建设奠定了基础。2003 年，为了教材配套，樊老师又组织力量编撰了《西方国际政治经济学理论流派》，该书以国际政治经济学原著导读的形式，提供了更为多元的理论视野。从 2006 年到 2016 年，《西方政治经济学》历经十年磨砺和两次修订，知识体系不断更新，在全国高校中深受欢迎。

在教学中，我们自觉地认识到建构中国特色国际政治经济学的重要意义，不断加强对马克思主义国际政治经济学理论和知识体系的研究。在经过一段艰难的求索和知识积累过程后，《激进国际政治经济学》于 2011 年在上海人民出版社出版。作为国际政治经济学这门专业教育课程的配套教材，该书介绍了激进国际政治经济学的概念、研究意义和理论价值，分析了马克思主义国际政治经济学的基本特征和理论地位，系统地研究了激进主义国际政治经济学的主要理论流派及其相互关系。在此基础上，我们把马克思主义政治经济学原理融入到国际政治经济学的理论体系中，打破了该学科一直由西方国际关系理论主导的倾向，为理解国际政治经济学提供了更加平衡和多元的视角。

课程和教材是人们获得理论知识的重要来源，为了及时反映全球化时代国际政治经济关系的新发展、新动向、新趋势，在樊老师带领下，我们出版了《国际政治经济学丛书》，围绕六大领域，开设相关课程，编撰教材，先后出版了《跨国公司与当代国际关系》《能源与当代国际关系》《贸易与国际关系》等多部新教材，形成了纵向有深度、横向有广度的立体化课程教学体系。

## 二　关于建构中国国际政治经济学自主知识体系的思考

当前，整个哲学社会学科都在努力探索构建自主知识体系的重大问题，中国的国际政治经济学理论已经到了范式转型的临界点上。一方面，拿来主义已经失去了学术意义，我们现在到了彻底摈弃“西学中用”（即以西方理论解决中国实践问题）的时候了。另一方面，中国在国际体系已经占有重要地位，中国为南方国家如何实现经济增长提供了指南，南方国家的精英们正在探究如何在工业化和现代化进程中内化中国经济增长的经验。在这种情况下，建构中国国际政治经济学的自主知识体系，既要从中国经验出发，又要超越中国的实践经验。换言之，我们面临的理论使命是如何赋予中国国际政治经济学自主知识体系以世界性意义。

第一，扎根中国大地，解决中国国际政治经济学的本体论问题。追溯国际政治经济学的发展脉络，基本上是围绕三大命题进行理论构造的。英国的国际政治经济学着重研究国家与市场的关系，美国的国际政治经济学着重研究霸权与国际体系的关系，拉美的国际政治经济学着重研究依附与不发达的关系。当前，构建中国的国际政治经济学理论体系就是要提出我们自己的本体论，也就是说，我们要解决中国的国际政治经济学是什么（即 to be 或 being）的问题。我们到底研究什么，其实到现在还不是很清楚，学者们要么各有所好，要么见什么研究什么，并没有形成一个共同的核心命题，这就很难形成自主知识体系，因为这种局面下产生的知识是零散的。苏珊·斯特兰奇基于英国的经验，研究国家与市场的关系。金德尔伯格和罗伯特·吉尔平等学者基于美国的经验，研究霸权和国际体系的关系。多斯桑托斯、萨米尔·阿明等学者基于拉美、非洲的命运，研究依附和不发达的关系。如果中国学者重复研究这些研究路径，永远不可能建构知识体系的自主性。

第二，扎根发展中国家，解决中国国际政治经济学的认识论问题。西方的知识体系不仅基于西方国家的历史经验，而且反映于西方国家的价值观。对于世界来说，欧美的历史经验和价值观建立在二元对立的基础上，都具有片面性和排他性。中国倡导“和平、发展、公平、正义、民主、自由”的全人类共同价值，为世界各国提供了更具包容性、更具平衡性的价值理念。在这个基础上，构建中国的国际政治经济学知识体系，就不是仅仅依靠于中国的经验，而应根据发展中国家在国际关系中遇到的共同挑战以及在现代化进程中面临的共性问题，提出具有指导意义的理论体系。换言之，中国学者要致力于为南方国家确立一个国际政治经济学的研究纲领，要把和平、发展、公平、正义的理念深嵌于国际政治经济学的知识体系之中。我们在南方国家这个阵营里，就必须站在理论的前沿，为南方国家提出一个国际政治经济学的研究纲领。当初，依附论学者就具有这种理论上的勇气和使命感，尽管他们在实践中失败了，但他们确实能够站在理论高度上，从发展中国家的整体性出发，提出解决方案。笔者认为，这一点对我们建立国际政治经济学的自主知识体系，是有着重要的启发性和借鉴意义的。中国的国际政治经济学要能够解释中国的经验，但又不能局限于中国经验。这是因为我们既要看到中国经验的特殊性，即绝大多数发展中国家在全球化进程中并没有像中国那样取得巨大的成功，又要看到中国经验的普遍性，已经有不少发展中国家认识到中国经验的价值。因此，当且仅当我们为发展中国家提供了普遍性的知识或反映了发展中国家的整体性预期，中国国际政治经济学的自主知识体系才会具有世界意义。

第三，国际政治经济学的知识体系要服务于中国式现代化的战略目标。在“百年未有之大变局”的背景下，我们建构国际政治经济学自主知识体系，就是要使这个学科提供的知识有助于科学地理解当前紧迫的国际政治经济挑战。现在，大国竞争越来越激烈，斗争越来越尖锐，美国实行“脱钩”断链、小院高墙、伪多边主义等政策，甚至推动隐形的新冷战，企图破坏中国的发展环境，打断中国的发展进程，阻止中国式现代化取得成功。中国国际政治经济学应该在提供理论解释和实践方案等方面做出贡献，这是检验国际政治经济学知识体系自主性的一个重要标准。

# 国际政治经济学与区域国别学的相互促进

翟东升*

## 一　国际政治经济学学科在中国的起源与发展

国际政治经济学，从其学科名称就可以看出来，是一门横跨政治学和经济学这两大一级学科的交叉学科；用经济学的方法和概念来解释政治现象，或者用政治学的视角来解读经济现象，都可纳入其中。从20世纪90年代初它被少数中国学者从美国国际关系学科引进到中国以来，这门学科在中国仅三十多年的历史，因此算是比较年轻的小众学科，在中国的社会科学学科序列中，属于政治学一级学科下国际政治的一个分支。而自中华人民共和国成立以来，在中国国内就存在其“近亲”学科：政治经济学；后者也是舶来品，是20世纪50年代苏联援华学者们手把手教的。这两者之间在知识范式、核心概念、主要议题、分析框架和蕴含的价值观上，都存在一定的共性和相当大的差异。好在两者各自分布在不同的学院和一级学科中，学术成果发表在不同的刊物上，故此多数时候泾渭分明、相安无事。

三十多年来，在宋新宁、王正毅、张宇燕等一批先驱学者的共同努力之下，国际政治经济学在中国得到了稳步的发展。随着从美欧名校获得博士学位的一批学者回国任教，以及国内本土博士生的陆续毕业，国际政治经济学的研究队伍近年不断壮大，研究重心也从早期对美国知名学者著作的译介，转向对一系列重大

* 翟东升，中国人民大学国际关系学院副院长、教授。

议题的独立探索和自主创新，比如围绕全球贸易、货币金融、对外直接投资、气候、能源、全球治理与全球化等议题，中国国际政治经济学研究者纷纷开设了课程，出版著作和发表论文。在取得一系列成就的同时，我们也应看到其时代性的局限：例如，自主知识体系的建构问题，又引领国际学界的话语权问题，在这些问题上，必须承认我们这些青壮年学者们做得还不够多，不够好。我们的学术创新，主要还是在相对边缘的地方做一些修补和发展，而不是范式性的、系统性的创新。正因如此，在国际政治经济学界，中国学者的著作、观点鲜有被美欧同行做引述、译介或批判的；而国内学者之间，尽管开会研讨时气氛融洽，长幼有序，但是在各自发表的论文中，相互引述的频率远低于对英文文献的引用。换言之，中国国际政治经济学离“世界一流”的长期发展目标还有不小差距。

## 二　区域国别学的建设力量与发展趋势

区域国别学这个新的交叉一级学科的设立，与国家和时代的需要有密切的关系。随着中国快速进入世界舞台的中央，“一带一路”和“人类命运共同体”的建设需要学术界和高等教育界提供相应的自主知识体系和专业人才。但是在很长一段时间，外交系统向美、欧、日、澳等发达国家派出外交官时，能够找到足够多的人选，但是向更广大的南方国家派遣外交官时却没有多少合适的人选。无论是官方还是民间的对外交往，往往需要古人所说的“重译”，也就是先把中文翻译成英文或者法文，然后再从英文、法文翻译到本土语言，其中的沟通效率损失很大，深度交流的门槛非常高。当然，专精各类小语种的毕业生不是没有，但是他们通常缺乏政治学、经济学、国际法、历史学、社会学等专业领域的知识和技能。由于同样的原因，中文世界中严重缺乏关于广大发展中国家的新知识和深度理解，许多信息都是从英语世界或者法语文献中转译过来，反映的往往是美欧的关注点和价值观偏好，而非中国自身的视角与利益，更不是对象国的实际国情。因此，有一批老大使多年来一直在呼吁要培养一批能直接用各国本土语言与世界各民族、各阶层深入交流，并且具备政治、经济、外交等方面专业知识的跨学科人才。

经济学上讲需求牵引供给。时代对区域国别的知识和人才提出了明确的需求，供给侧也随之起舞。

区域国别学建设，目前的参与方有几股不同来源的学术力量。一是外语类院校和各大学的外国语学院，因为他们原本就有相关的子学科。如今随着技术进步，外国语言学更是面临不小的生存发展压力。有人认为，人工智能翻译软件的技术迭代进步，对教授级的语言专家的影响也许还不是那么直接，但是对外语专业学生的能力应用场景和职业就业空间正在形成巨大冲击。所以他们在非常积极地推动区域国别学的建设，以此为外语院校和外语系找到新的学科增长点。

另外就是各大学的国际关系学院和国际问题研究机构。国际关系和国际政治，原本是政治学一级学科下的二级学科。国际问题研究一般来讲由四部分构成：理论、历史、区域和议题研究，但做区域国别研究的学者自觉在国际关系学科中的地位相对边缘。如今，由于学科目录的调整，区域国别学成了交叉一级学科，学科的“辈分”跳升两格，从事亚、非、拉、俄等地区研究的学者对此感到非常兴奋。当然，除国际关系学科之外，历史学、社会学、经济学等领域的不少学者也意识到了这个新交叉一级学科对于其传统学科发展转型的重大意义。

总之，区域国别学这个交叉一级学科的设立，如同太平洋里发现了一个新大陆，相关各方都想及时占领并展示其存在感。由于有上述几股学术力量的合流与竞争，其功能上又积极回应了国家和时代的需求，所以形成了一个供需两旺的局面，推动着区域国别学的快速展开。

## 三　国际政治经济学为区域国别学贡献的知识和方法

正如多位外国语学院的领导所坦承的那样，语言学学者要转型成区域国别学专家的难度不小，最主要的是因为他们的原有知识储备通常并不包含政治学、经济学、社会学等社会科学的学术训练；对于作为研究对象的目标国的方方面面，他们在长期的语言与文化学习中有很多了解，但是他们却缺乏把这些信息串联起来形成系统性解释、分析和判断的理论工具和知识基础。在较小程度上，从事区域国别历史研究的学者也有此困境。

国际政治经济学至少可以从两个方面为区域国别学的提升提供助力，一是全球政治经济的解释框架；二是比较政治经济学的方法和知识积累。

以笔者自己的研究体悟为例，在全球层面上，国际政治经济学的文献已经能够为学习者提供远不止一套系统性的理论解释框架，包括基于中心—外围结构的各种变形，基于商品、资本、人员、信息等各类要素流动及其定价机制的体系，基于技术进步和货币体系变迁所导致的国际竞争策略演进，等等。在全球政治经济体系视角的观照下，不同国家和地区的命运总是不断地受到世界市场和世界政治经济思潮的冲击和型塑，鲜有闭关自守而能独善其身者。在国家和地区层面上，我们可以借助比较政治经济研究的方法，看到文化、历史、制度、资源禀赋和发展阶段都大相径庭的国家之间，其实不仅存在着许多相似的问题，犯着类似的错误，面临着差不多的发展瓶颈，而且最终也会服从同样的自然规律和社会规律。当我们将具有一定可比性的若干国家放在一起进行多维度跨学科的比较时，专精于一国一地的学者们就会意识到他所研究的那个国家其实没有学术小圈子里原本认为的那么特殊。套用金融学的术语，全球政治经济的系统视角，讨论的是国家命运的“贝塔值”，也就是全球的系统性风险和结构性因素，它可以为区域国别学者提供一个关于世界政治经济运行的宏大地图，以及该国参与国际体系分工和博弈的方位感与坐标系，让该国所经受的外部冲击变得可解释乃至部分地可预测；而比较政治经济学的视角和方法，讨论的则是一国命运的“阿尔法值”，也就是个体的特质、优势与缺陷，从而让一国内部的许多独特性也在智识上变得有迹可循。

总之，国际政治经济学理应成为区域国别学的知识谱系和研究方法工具箱的主要供应商。区域国别学的发展，离不开国际政治经济学在全球和比较层面上提供的知识积累和理论指导。

## 四　区域国别学对国际政治经济学的反哺：案例、数据与问题意识

第二次世界大战之后美国社会科学的大发展离不开两个因素的合力：一是实证主义和计量研究方法的崛起，二是大量美国青年知识分子跟随和平队等项目而系统地考察和研究全球外围地区，从而形成发展经济学、比较政治学等一系列学术增长点。今天，中国社会科学自主知识体系的建设，恐怕也离不开中国中青年社会科学学者对全球外围地区的全面、深入、自主的考察和研究。而在大数据和人工智能的时代，中国对全球各国各地区的研究，将具备比一甲子前美国同行们更强大的智能武器装备。

目前，国际政治经济学所用的研究方法主要源自美国同行的探索，常见的有

案例和比较，以及较为初级水平的计量方法。但是由于研究对象背后因素的复杂性和易变性，靠数量有限的几个案例的比较，或者靠某些口径下的统计和回归，是很难揭示这个世界纷繁复杂的政治经济现象背后的各种机理的。不仅如此，目前几乎所有的研究设计都是基于学者个人对某种可能机理的猜想，而人脑对巨量数据和事实的把握能力毕竟是有限的，而且容易受到各种流行意识形态偏见的左右。因此，以全球各地区各国的海量数据为基础，借助人工智能、机器学习的技术赋能，新时代的中国区域国别研究能够用人工智能手段识别出我们此前无法想象的各种因素之间的相关性和动态纠缠，而扎实的区域国别调研将是中国学界引领的这一社会科学知识大爆炸时代到来的必要准备工作。春耕犁地犁得越是透，秋收的回报越是丰厚。区域国别研究的发展越是充分，那么中国的国际政治经济学将越有底气挑战美国的同行和曾经的老师们。

可以预期，随着中国的区域国别研究不断走向深入，基于我们新构建的大数据和新具备的人工智能手段，中国的国际政治经济学科将有机会构建出独树一帜的社会科学知识体系，并以此超越美国同行们的智识成就。

# 国际数字政治经济学：现实基础与研究路向*

徐秀军**

当前，人类社会正在经历以大数据、云计算、物联网、5G、区块链和人工智能等新兴技术为标志的新一轮科技革命，国际政治经济的发展演进也由此进入数字时代。与以往的技术创新不同，数字技术应用更加广泛，不仅实现了整个产业链的渗透，还对政治生活的方方面面产生重大影响。随着数字技术日益广泛应用于人类生产和生活的各个方面，国际政治经济关系发生了深刻变化，国际政治经济学研究也随之面临新的变革，并催生了国际数字政治经济学研究。

* 本文得到国家社会科学基金重大项目“中国积极参与全球数字经济治理体系改革与创新研究”（项目编号：21ZDA096）的支持。

** 徐秀军，中国社会科学院世界经济与政治研究所研究员，中国社会科学院大学国际政治经济学院教授。

## 一 数字技术与国际政治经济的数字化转型

从技术层次来看，数字技术体系涉及面非常广，涵盖数字资源、数字设备、数字传输、数字信息、数字智能等诸多领域。在过去几十年中，这些领域的技术探索一直在推进，相关行业也一直在快速发展。近年来，这些领域的技术突破进入到了新的阶段，并成为全球技术创新的主力。从《麻省理工科技评论》和世界经济论坛每年分别评选的“全球十大突破性技术”和“全球十大新兴技术”榜单来看，信息和数字领域的技术突破相对其他领域占比更多。在2018—2022年发布的这两份榜单中，与数字和信息领域直接相关的技术占四成，涉及数字和信息领域的技术占六成。这些新技术的突破与运用，正在加速推动国际政治经济的数字化转型。

在国际政治层面，数字技术正在改变国家主权和国际安全的基础与内涵。一方面，数字主权既给传统意义上的国家主权带来了挑战，也大大拓展了国家主权的内涵。由于数字技术的发展，数据已成为一种日益重要的新要素，以数据要素所有权为基础的数字主权将国家主权拓展到网络空间。但是，相对领土范围内的土地、人员、资金等传统要素，数据的跨境流动更为便捷。根据联合国资本发展基金（UNCDF）报告估计，2017年的跨境数据量是2007年的20倍，2022年的数据量是2017年的4倍。[①] 同时，数据的所有权的界定也更为困难，因而对数字主权的界定和维护也更为复杂。另一方面，数字安全既成为国际安全的重要组成部分，也改变着传统意义上的国际安全认知。大规模的网络攻击已走向国际安全博弈的前台，无人机攻击也日益替代传统军事武器被广泛运用到国家之间的军事对抗中，战争的形式也因此发生了重大改变。总之，数字技术正在改变国际政治博弈的环境、内容与形式，国际政治关系也在现实和虚拟空间纵横交错，呈现更加多元多维的互动。

在国际经济层面，数字技术正在改变全球经济及其治理体系的基础与内涵。从全球数字市场来看，近年来数字经济与数字贸易的规模大幅提升。根据中国信息通信研究院的测算，2021年全球47个主要国家数字经济增加值规模为38.1

① UNCDF, “The Role of Cross-Border Data Flows in the Digital Economy,” July 2022.

万亿美元，较上年增加15.6%；占国内生产总值（GDP）的比例为45.0%，其中第三产业数字经济占行业增加值的比例为45.8%。相比而言，发达国家数字经济占GDP的比例更高，2021年达55.7%，比发展中国家高25.9个百分点。① 在全球贸易增长动力不足的背景下，数字贸易呈现快速增长势头。国务院发展研究中心对外经济研究部和中国信息通信研究院联合发布的报告显示，根据联合国贸发会议测算，2021年全球跨境数字服务贸易额达3.86万亿美元，较上年增长14.3%，占全球服务贸易总额的比例达63.3%。②

此外，一国内部的政治经济也在加速数字化转型，并因此改变了国际政治经济的国内基础。数字技术的发展与应用催生了数字（网络）政治的发展，国内主体的政治参与更加便捷，政治空间大幅拓展。同时，数字产业化和产业数字化的发展，尤其是数字与产业的加速融合，深刻地改变了国内经济结构，传统产业与数字产业的利益分化也日益明显。

## 二　数字场域与国际政治经济的互动实践

在数字时代，国际政治经济的互动关系呈现出新的变化，国际政治经济主体的差异也更加明显。目前，世界上约有三分之一的人口未使用互联网，并且由于网络太慢、联网不稳定、接入成本过高以及缺乏使用互联网的数字技能，有很多接入互联网的人口也不能实现“有意义的联网”。这导致全球数字鸿沟（digital divides）在各个层面深刻体现出来。根据联合国国际电信联盟（ITU）发布的报告，全球数字鸿沟在不同国家之间、国家内部、男性和女性之间、青年人和老年人之间、城市和农村地区之间、使用光纤联网和3G联网的人群之间、相关技术的精通者和新手或弱势群体之间都有所体现。其中，低收入国家的互联网普及率为22%，远低于高收入国家接近91%的水平；农村地区的互联网用户所占比例也只有城市地区的二分之一。③ 这意味着一国内部不同群体、不同国家之间在数字空间存在巨大的权力鸿沟，并因此赋予部分群体和国家优势地位。在市场层

① 中国信息通信研究院，《全球数字经济白皮书（2022年）》，2022年12月。

② 国务院发展研究中心对外经济研究部、中国信息通信研究院：《数字贸易发展与合作报告2022》，2022年9月。

③ ITU, *Global Connectivity Report* 2022, Geneva: ITU, 2022, pp. 23 – 25.

面，数字技术日益向产业链的各个环节加速渗透，并可能因此改变各国在产业链上的相互依赖关系。在过去，发达国家主要通过控制产业链高端以及产业链的关键节点来主导全球产业链。在这种模式下，尽管少数发达国家在全球产业链上长期保持支配地位，但在一些中低端领域其他国家也会因其所拥有的独特作用而对发达国家形成制约。如今，产业数字化的发展导致农业、制造业和服务业都与数字深度融合，并形成全球数字产业链。在此背景下，在数字技术占支配地位的国家就可能实现对包括原材料和初级产品等在内的全产业链的直接控制。这将给未来市场结构和国家之间的经济关系带来深远影响。

同时，国家政治经济主体的竞争更加激烈，并越来越聚焦于数字技术的创新和应用以及数字经济的发展。近年来，包括美欧等发达国家和中国等新兴大国在内的很多国家都通过了数字创新法案，不断推进数字技术在全产业链的应用。但是，部分国家却不惜破坏国际通行的市场原则，将数字技术的竞争政治化和安全化，以谋求在数字技术的优势地位。例如，2022 年 8 月，拜登签署的《2022 年芯片与科学法案》（*The CHIPS and Science Act of 2022*）[①] 就是从全球地缘政治竞争的角度看待半导体产业的发展与合作，旨在动用政府力量改变半导体领域的国际分工格局，严重扰乱各国企业遵循基本市场规律开展正常科技交流和经贸往来。世界主要经济体的这类行为，无疑会对全球贸易投资和产业链供应链产生重大负面影响，并最终波及人类福祉。在数字经济发展方面，很多国家都出台了战略规划和行动方案，并成立了相关促进部门。例如，美国政府出台了《美国数字经济议程》，英国政府出台了《英国数字化战略》，澳大利亚政府出台了《数字经济战略 2030》；中国政府也出台了《“十四五”数字经济发展规划》，并组建了国家数据局。数字经济日益成为各国实现经济繁荣和提升经济竞争力的重要领域，数字经济领域的竞争日益成为国际经济竞争的主要内容。

此外，国际政治经济互动的影响更加广泛。从国家和市场两个维度来说，国际政治经济主体之间的联系更加紧密。由于数字技术存在显著的中心化特点，数字技术的广泛应用会在国内国际层面带来更加频繁的市场失灵、失效、失序现象，以及政府对数字技术和数字市场的监管。同时，数字时代政府与市场的关系越来越超出政治和经济范畴，向更加广泛的社会、安全甚至是文化等领域的溢出。数字时代国际政治经济体系的不确定性、不稳定性日益加大，这也是当今世

① CHIPS（Creating Helpful Incentives to Produce Semiconductors）原意为“为半导体生产创造有益的激励措施”。

界进入新的动荡变革期的基本构成要素和影响因素。

## 三 数字规则与国际政治经济的大国博弈

数字领域不仅是一个知识和技术密集型的领域，也是一个规则密集型的领域。但是，在全球层面尚未建立起一套相对完善的数字规则体系。由于数字领域存在严重的规则赤字，大国在国内和国际层次为抢夺国际数字规则制定权和话语权的博弈更加激烈。

一方面，数字规则博弈的国内路径大大增强了国际政治经济的联动性。由于全球数字规则的缺失，以及达成全球规则存在巨大困难，一些大国和大国集团越来越注重内部立法来塑造国际规则，涉及数字技术、数字平台监管与竞争、隐私保护、数字产业和数字贸易等各个方面，并且通过内部执法迫使他国接受自己制定的数字规则。近年来，美国在联邦和地方层次都加大了数字相关领域的立法步伐，并以数字安全为名加强了对电信、金融、教育、健康等领域的保护和干预；欧盟于 2018 年全面实施《通用数据保护条例》后，2022 年又通过包括《数字市场法》和《数字服务法》的“数字服务一揽子法案”（DSP），大大增加了欧盟理事会在数字领域的管辖权。各国越来越多的数字立法导致全球数字规则越来越国内化，并且一些大国和国家集团通过内部执法将其内部规则施加给外国实体，并通过长臂管辖不断扩大其内部立法的溢出效应。数字领域的内部立法因此构成了国际数字规则竞争的重要组成部分，甚至被部分大国作用遏制和打压他国的工具和武器。

另一方面，数字规则博弈的国际路径深刻反映了国际政治经济的碎片化特征。无论是数字基础设施建设、产业数字化和数字产业化的技术标准方面，还是数字化治理和数字经济合作的规则和机制方面，大国博弈日益彰显全球的政治分歧与经济分化，全球数字规则建构仍停留在全球小多边、区域、双边等某些特定国家的范围内。在多边层面，世界贸易组织（WTO）已启动电子商务谈判，涵盖一切通过电子手段生产、分配、营销、销售或交付的货物和服务。截至 2023 年 2 月，89 个 WTO 成员参与这一谈判；尽管参与谈判的成员贸易额占全球贸易总额的比例达 90% 以上，但谈判成员数仅占成员总数的 54%。[①] 在区域层面，美墨加协定

① WTO，“Joint Initiative on E-commerce”，https：//www. wto. org/english/tratop_ e/ecom_ e/joint_ statement_ e. htm.

（USMCA）、《全面与进步跨太平洋伙伴关系协定》（CPTPP）和《区域全面经济伙伴关系协定》（RCEP）等自由贸易协定都包含数字经济与贸易条款，《数字经济伙伴关系协定》（DEPA）更是建立了专门针对数字经济与贸易规则。但是，针对同一议题领域，这些协定的标准与程序却存在较大差异，甚至存在一些矛盾。此外，美国还通过美欧贸易科技委员会（TTC）、印太经济框架（IPEF）、美日印澳"四方安全对话"机制（QUAD）等"小圈子"加强数字技术和网络安全等领域的合作，并试图主导包括数字规则在内的国际新规则。数字规则因此成为大国博弈的新领地，并在国际政治经济体系中扮演日益重要的角色。

## 四 面向未来的国际数字政治经济学研究

数字技术的创新与应用推动了国际政治经济的数字化，并深刻改变了国际政治经济的互动关系。作为一个新的研究领域，国际数字政治经济学为观察和理解数字时代的国际政治经济关系提供了新的思路。关于国际数字政治经济学的研究路向，可能存在很多不确定和难以预料的因素会影响未来的判断，但如何理解数字将是开创这一全新领域的基础。在国际数字政治经济学的研究范畴中，"数字"至少包含以下四个方面的内涵。

第一，数字作为国际政治经济学研究中的工具和方法。在数字时代，国际政治经济学研究的工具和方法要不断拓展和更新，要充分利用大数据、人工智能等新兴技术给研究带来的便利。当今世界，国际政治经济互动实践的复杂性远远超出过去仅凭人脑的直接思考就能得以很好的理解和解释。尤其是在量化研究上，大数据挖掘能够在很大程度上弥补长期以来面临国际问题研究的样本不足问题；人工智能也可以帮助我们更好地理解和应对国际政治经济研究中的复杂问题。

第二，数字作为国际政治经济学研究中的对象和领域。数字可以赋能政治与经济，并演化为数字政治和数字经济。数字还可以赋能政治与经济之间的互动，从而大大拓展国际政治经济学的研究对象和领域。由于数字技术的发展，资本的形态也经历了从商品资本、工业资本、金融资本向数据资本的演进。[①] 当今世界经济已逐步形成由劳动力、资本、技术、数据等基本要素构成评价标准的新体

---

① 中国社会科学院世界经济与政治研究所课题组：《世界百年未有之大变局与世界政治格局演进》，《世界社会主义研究》2022 年第 4 期，第 27—36 页。

系，并为国家之间的政治经济互动创造了广阔的实践空间。

第三，数字作为国际政治经济研究中的思维和理念。数字思维是能够改变甚至颠覆认识世界的思维。一方面，数字思维体现了中心化思维和平板化思维的统一。数字化世界的特征是万物互联，控制世界的权力高度集中；同时，处于每个节点的行为体都发挥不可或缺的作用，对其他行为体形成制约，并使世界展现出平板化的一面。另一方面，数字思想体现了创造性思维和破坏性思维的统一。从创造力来看，数字技术大大提升了行为体的行动效率，数字化程度高的行为体也更易于在国际博弈中占据优势地位。从破坏力来看，掌握先进数字技术的行为体可以发起数字制裁和攻击使其他行为体权益遭受巨大损害。这是一种负向权力，但它在数字时代更加凸显出来了。因此，以数字思维观察世界，我们对国家与市场等基本要素及其关系的认知都会发生深刻变化。

第四，数字作为国际政治经济研究中的权力和利益。数字空间是国际政治经济博弈的新疆域，其中包含的数据要素与传统的物质化的要素不一样，与精神上的要素也不一样。它是物质和精神的统一体，也是高度联动的复杂要素。数字与传统意义上的行为体权力和利益相融合，使各行为体在一些领域的权力和利益的界限变得模糊，并形成共享权力和共容利益。这为国际政治经济学的理论创新提供了新的现实基础。

总之，数字时代的国际政治经济学研究既面临来自现实的挑战，也迎来了创新发展的机遇。无论从当前还是从未来看，将数字方面的内容融入国际政治经济学研究，有助于我们更好地理解现实世界，也更符合我们所处时代的需求。

# 百年变局与国际政治经济学在中国的发展

钟飞腾*

从字义看，“国际政治经济学”（IPE）可以分为“国际”（I）“政治”（P）

* 钟飞腾，中国社会科学院亚太与全球战略研究院研究员。本文依据笔者 2023 年 4 月 16 日在北京大学举办的“新时代国际关系理论创新”研讨会暨国际政治经济学专业 20 周年纪念会上的发言内容整理而成，笔者感谢王正毅教授的邀请及与会学者的评论。

“经济”（E），这三种学问在西方社会科学门类中是单独成科的。19 世纪末期到 20 世纪初是现代社会科学创立的时期。以美国为例，从 1885 年至 1905 年的二十年间，全国性的经济学会、心理学会、人类学会、政治学会和社会学会相继成立。① 在西方的大学和学科分类系统中，作为学科的国际关系属于政治学之下，公认的创立时期是 1919 年，而作为一门学科的 IPE 则被认为从属于国际关系学，创立时期是 1970 年。与社会科学中几门相对成熟且创设时期较早的学科相比，国际关系以及 IPE 都有明显的跨学科和交叉学科的特性，真正属于本学科独特的基本概念以及基本规律是比较少的。由此导致的一个难题是，往前追溯 IPE 的学科发展历史时就容易进入其他学科领域，学科思想演变的线索盘根错节。20 世纪是中国国力由衰而盛的一个时期，一个多世纪以来有关国际政治经济学相关思想在中国的发展也是跌宕起伏。

## 一　19 世纪末至二战结束时期政治经济学转向经济学、政治学

准确识别西方 IPE 的学术发展脉络并抓住其核心要义并非易事。西方的学术和学科不是天生为中国的发展而准备的，而中国直到最近四十年国势上升才开始系统性地研究和发展有关“国际”的学问。20 世纪中国几代学者在向国人传播西方的“国际”“政治”“经济”等学术概念和学科体系时曾发生过偏差。例如，20 世纪初严复翻译亚当·斯密《国富论》，但该书在半个多世纪里并不曾在中国有任何重大反响。

陈焕章于 1911 年从哥伦比亚大学获得经济学博士学位，论文题目按英文直译是《孔子的经济学原理及其学派》。几乎一个世纪后，这本博士论文才以《孔门理财学》为名出中文版。仅从中译本的书名看，我们较难识别陈焕章模仿和借鉴阿尔弗雷德·马歇尔的思想。马歇尔出版于 1890 年的《经济学原理》是当时西方经济学界最为权威的教科书。1903 年，担任“政治经济学”教席的马歇尔在剑桥大学建立“经济学与政治学系”，将经济学纳入本科课程，“政治经济学”在西方课堂中逐渐成了“经济学”，对政治现象的研究则单独发展成了政治学。

① 钟飞腾：《百年大变局、中国与国际关系学学科的起源》，《东亚评论》2019 年第 1 期，第 24 页。

西方的“政治经济学”转向“经济学”“政治学”独立分科的时代，是帝国主义秩序竞争最为激烈的时期，同时也是中国革命先行者思想转变的重要阶段。1921 年 10 月，孙中山完成《实业计划》一书，提出借助国际资本力量发展中国。在该书的结论部分，孙中山则强调，“盖欲使外国之资本主义以造成中国之社会主义，而调和此人类进化之两种经济能力，使之互相为用，以促进将来世界之文明也。”① 1929 年，宋子文在该书英文版第二版的序言中认为，资本更多流向了欧洲，而不是更需要的其他地区，欧洲甚至出现了对美国金融帝国主义的警告。② 孙中山的构想没有得到欧美资本的支持，这在一定程度上表明中国人对“国际”的了解还有待深入。帝国主义之间的权势竞争对欠发达国家的国际发展的负面影响是极其重大的，而关于这类知识的系统总结是二战以后由马克思主义者以及依附论等 IPE 的思想流派完成的。尽管如此，在西方学术界，孙中山被誉为“‘国际发展’概念的先行者”，“第一个呼吁现代意义上的‘经济发展’的人”“通过国际合作实现不发达国家的现代化”。③

20 世纪 30 年代，世界受到 1929 年“大萧条”的严重冲击，中国国内掀起了有关中国社会性质的大论战。马克思主义学说得到很大的传播和发展，自由主义理论相对受挫。1930 年中国教育部设立了统一的大学科目表，西方社会科学的各个学科最终进入到高等教育体系中。④ 日本入侵中国再度改变了中国思想界的方向。1938 年，由郭大力、王亚南合译的《资本论》三卷本中文全译本由上海生活读书出版社公开发行。马克思主义经典作家，特别是列宁的帝国主义论关于“国际”层面的“政治”与“经济”的互动关系的分析，给中国学者带来了很强的启发。

## 二　新中国成立后探索建立马克思主义的世界经济学

1947 年，胡绳的《帝国主义与中国政治》在上海出版，到 1963 年先后出版

---

① 孙中山：《建国方略》，武汉：武汉出版社 2011 年版，第 107、281 页。

② Sun Yat-sen, *The International Development of China*, New York and London: The Knickerbocker Press, 1929, p. viii. 第一版出版于 1922 年。

③ 埃里克·赫莱纳：《布雷顿森林被遗忘的基石：国际发展与战后秩序的构建》，张士伟译，北京：人民出版社 2019 年版，第 175—188 页。

④ 王正毅：《世界体系论与中国》，北京：商务印书馆 2000 年版，第四部分。

过5版。从知识原创性看，胡绳在这一著作中发展的思想，丝毫也不弱于阿尔伯特·赫希曼1945年在《国家权力与对外贸易结构》一书中提出的“依附论”思想。[①] 1978年，胡绳在该书第6版中曾这样回忆：“（政论文章）这种情形并不妨碍作者严格地从历史的真实出发来写自己的书。为了说明只有彻底地从帝国主义的统治和压迫下解放出来，只有彻底地打倒作为帝国主义的工具的中国反动阶级，中国才能有真正的国家的统一、人民的民主和民族经济的发展，为了警惕帝国主义会用这样那样的方法来破坏中国人民的革命，为了指出中国的民族独立只有依靠无产阶级的领导而不能依靠资产阶级的领导来实现，作者当然不需要在写作时丝毫离开历史事实的真相，恰恰相反，越是深入揭露历史事实中的本质的、规律性的东西，越是能说明问题。”[②]胡绳的上述论断与早期依附论学者向拉美国家提出的与发达资本主义体系“脱钩”的建议如出一辙。中国学者注意不多的是，20世纪70年代末，依附论的第二代学者已经发展和改进了依附论。例如，在美国布朗大学任教的彼得·埃文斯1979年出版的《依附性发展》一书，已经开始部分否定依附论第一代学者的主导性范式。[③]

1979年3月，访问美国回来后不久，邓小平提出：“政治学、法学、社会学以及世界政治的研究，我们过去多年忽视了，现在也需要赶快补课。”邓小平如此关注这几门学科建设和研究，其重要背景是“实现四个现代化是一项多方面的复杂繁重的任务，思想理论工作者的任务当然不能限于讨论它的一些基本原则。我们面前有大量的经济理论问题”。[④] 由此开始，中国学术界建设“世界经济学”的步伐加快。1981年初，《中国社会科学》刊登了宦乡和复旦大学教授蒋学模有关重新认识列宁的“帝国主义的垂死性”的学术争鸣文章。宦乡认为，“现在的问题不是维护和论证《帝国主义论》中每句话的正确性，而是以它为指针，研究新的情况和新的问题，甚至也不能拘泥于列宁根据当时情况所得出的个别结论。”[⑤]

---

① Albert O. Hirschman, *National Power and the Structure of Foreign Trade*, Berkeley and Los Angeles: University of California Press, 1945.

② 胡绳：《六版序言》，《帝国主义与中国政治》，北京：人民出版社1978年版，第1页。

③ Peter Evans, *Dependent Development: The Alliance of Multinational, State, and Local Capital in Brazil*, Princeton, NJ: Princeton University Press, 1979.

④ 邓小平：《坚持四项基本原则》，载《邓小平文选（第2卷）》，北京：人民出版社1983年版，第180—181页。

⑤ 宦乡：《关于“帝国主义垂死性”的问题》，《中国社会科学》1981年第4期，第90页。

1983 年，钱俊瑞主编的《世界经济概论》上册出版，其主要目标是创建马克思主义的世界经济学，并将其作为“政治经济学的一个分支学科”。① 该书是按照教育部和人民出版社共同决定的《大学世界经济丛书》编写出版计划编写的，组成《大学世界经济丛书》编委会的学者和专家均是一时之选，除浦山之外，7 名委员均出生于 1910 年代，如时任南开大学校长滕维藻、时任辽宁大学副校长宋泽行、武汉大学教授吴纪先、北京师范大学教授陶大镛、上海社科院研究员褚葆一。这批学者多数为解放前在英美大学获得经济学博士学位的学者，其中，陶大镛和滕维藻还是第一届国务院学位委员会经济学科评议组的成员，而宦乡和北京大学教授赵宝煦则是法学评议组成员。②

略为遗憾的是，当这批学者获得机会于 20 世纪 80 年代初主持推动世界经济学的学科建设时，多数人的年龄已过 60 岁，钱俊瑞更是年过 70，且因十年动乱在很长时间内无法追踪西方学术界的动向③，因而并不了解西方学术界出现了 IPE 这一新兴的分支学科。钱俊瑞和陶大镛反复强调要建立一门不同于“国际经济学”的世界经济学，出发点是解释作为整体的世界经济的运行规律，但限于当时的开放条件，中国经济学界并不知道沃勒斯坦在 1974 年出版的《现代世界体系》一书中已提出分析资本主义“世界—经济”体系演进规律的相关学说，反而是中国社会学界最早提到了“世界体系论”。④ 在引进西方学术著作时出现学科错位的现象在当时并非个例，原因之一是这个时期也是西方交叉学科兴盛的一个时期，中国学术界在引进西方学术作品时往往并非沿着学科路径前进，更多是社会需求使然。

20 世纪 80 年代中期，为适应改革开放需要，国内高校开始建立经济学院，将世界经济与政治经济学并列，分属理论经济学一级学科的二级学科。世界经济学科建设上出现的一个新争论是“世界经济”和“世界政治”的关系，有的主

---

① 钱俊瑞主编：《世界经济概论》（上册），北京：人民出版社 1983 年版，第 24—25 页。

② 《国务院学位委员会学科评议组成员名单》，《人民日报》，1981 年 6 月 14 日，第 2 版。

③ 1979 年 11 月，钱俊瑞在成都召开的美国经济研究会年会上曾表示，“在长达十年多的时间里，我们和外部世界几乎处于一种完全隔绝的状态。研究机构被解散，人员被下放，研究工作差不多完全停顿了。这使我们和国外研究水平的差距扩大了 10—20 年。”钱俊瑞：《为创建和发展马克思主义的世界经济学而奋斗》，《世界经济》1980 年第 3 期，第 1 页。

④ Immanuel Wallerstein, *The Modern World-System: Capitalist Agriculture and the Origins of the European World-Economy in the Sixteenth Century*, New York and London: Academic Press, 1974，魏章玲：《美国社会学的发展》，《社会科学战线》1980 年第 2 期，第 134 页。

张两者不可分①，有的则认为“世界经济学作为一门学科，是应该有与其他学科的严格区别，它不应该包罗万象”。② 20世纪80年代中后期，随着钱俊瑞、宦乡等老一辈学者相继去世，世界经济学以及政治与经济不分家的学科建设思路也发生了转变。

## 三　20世纪90年代以来国际、政治与经济的重新关联

在世界经济学学科建设转变之际，得益于改革开放带来的“国际”（I）以及“经济”（E）的变化，中国的国际关系学者对推动中国的IPE研究发挥了极为关键的作用。从20世纪80年代后期起，中国学者陆续介绍了西方IPE的代表性论著及相关理论，如经济科学出版社1989年和1990年分别出版了罗伯特·吉尔平的《国际关系政治经济学》和苏珊·斯特兰奇的《国际政治经济学导论——国家与市场》。事后来看，这两项研究分别代表了IPE研究的美国学派与英国学派。③ 1991年，罗伯特·吉尔平、迈尔斯·凯勒、宋新宁等知名IPE学者应袁明教授邀请到北京大学参会讨论中国国际关系学科的发展。④ 20世纪90年代，IPE作为国际关系和外交学教学的相关课程在中国著名大学里得到广泛传授，但并没有纳入教育部的专业目录。

2001年中国加入WTO对IPE的发展影响深远。2003年在王正毅教授的主持下，北京大学积极推进IPE本硕博专业的建设，系统性地发展了IPE课程教学和人才培养体系。2008年国际金融危机期间，在北京大学举行的中美IPE研究第二代学者参加的一次会议上，美国IPE的第二代学者戴维·莱克在“开放经济的政治学”（OEP）视角下专门讨论了中国与开放经济学的关系。莱克认为，中国已经成为美国学者关注的大问题之一，原因之一是中国作为一个全球经济力量的崛起。但从学术的角度看，“中国对世界经济的影响可以在很大程度上看作是

① 宦乡：《关于世界经济学科的建设问题》，《世界经济文汇》1986年第5期，第1—7页。

② 张永东：《目前世界经济学教材中存在的主要问题》，《世界经济研究》1986年第3期，第78页。

③ 本杰明·科恩：《国际政治经济学：学科思想史》，杨毅、钟飞腾译，上海：上海人民出版社2022年第2版。

④ 袁明主编：《跨世纪的挑战：中国国际关系学科的发展（修订版）》，北京：北京大学出版社2007年版。

全球比较优势格局的一次重大转移”，因而“中国大多数政治和对外经济政策及其对他国的影响都可以用 OEP 来解释”。与此同时，莱克也强调，“中国的崛起的确凸显了 OEP 研究在国际市场力量与规模收益递增这两个假设上的局限。”①

对 OEP 两个核心假设的挑战是中国 IPE 知识创新的来源之一。第一个是“小国经济”假设，认为小国是国际市场的价格接受者，而麻省理工学院戴维·奥特尔等人自 2016 年以来发表的关于“中国冲击”的系列论文表明，中国有很强的能力改变世界市场的价格。② 2018 年中美经贸摩擦进一步表明中国是一个“大国经济”，中国加快构建新发展格局，强调安全与发展并重的对外政策。③ 第二个假设是规模收益不变，但规模经济贸易已经表明利益不能被当做是政治的外生变量，而是政治的产物，最典型的是 20 世纪 80 年代美日贸易摩擦时产生的战略性贸易政策。中国学者在 80 年代初推动“世界经济学”建设时即有所强调，如陶大镛指出，基于比较成本理论的所谓各种国际贸易纯理论只是李嘉图体系的翻版，各国即便按照相对低的成本进行贸易，也不可能让所有参与者互利。④ 中国人民大学田野教授 2022 年发表的《大国竞争的根源》一文则强有力地表明，大国关系中的报酬递增机制在地缘竞争、技术竞争以及国际制度竞争上均发挥重要作用，因而不能被忽视。⑤ 中国与美国实力地位的进一步缩小，挑战了 IPE 第二代学者的诸多假设和理论成果。这一点正如本杰明·科恩在新近出版的《反思国际政治经济学》一书中所指出的那样，“在不到一代人的时间里，中国的 IPE 研究，已转变为一个更加开放和迅速发展的研究领域，创建一个真正的本土版 IPE 的势头正在增强”“中国 IPE 最值得注意的是，几乎普遍强调国家的中心地位”。⑥

---

① 本段中的引用均来自戴维·A. 莱克：《开放经济的政治学：一个新兴的交叉学科》，郎平译，《世界经济与政治》2009 年第 8 期，第 55 页。

② David Autor, David Dorn & Gordon Hanson, “On the Persistence of the China Shock,” *Brookings Papers on Economic Activity*, vol. 2, 2021, pp. 381 – 476.

③ 钟飞腾：《“双循环”新发展格局与中国对外战略的升级》，《外交评论》2021 年第 2 期，第 1—36 页。

④ 陶大镛：《论世界经济的研究对象》，《社会科学战线》1980 年第 2 期，第 105 页。

⑤ 田野：《大国竞争的根源：基于报酬递增机制的分析》，《中国社会科学》2022 年第 9 期，第 85—103 页。

⑥ Benjamin J. Cohen, *Rethinking International Political Economy*, Edward Elgar Publishing, 2022, pp. 63 – 65.

## 四　百年大变局与中国国际政治经济学的发展

从“百年未有之大变局”的角度看，中国的IPE发展已经从模仿转向了自主知识体系的创新，立足于中国经验的理论阐释成为中国IPE研究的学术增长点，反映出崛起的中国与处于重大转型中的世界的互动——“国际”“政治”“经济”三方面的显著而且深远的变化。[①] 经济史家安格斯·麦迪森及其团队开发的数据显示，按2011年可比价格，以购买力平价（PPP）衡量，过去120年可以划分为三个阶段：（1）1900年中国人均GDP不到1000美元，仅相当于英国的12.8%、美国的12.1%；1929—1938年，中国的人均GDP与30年前持平，仅相当于英国的10%；（2）二战后以及新中国成立后很长一段时期，中国的人均GDP占美国比重下滑至5%左右；改革开放后，中国的人均GDP逐步上升，至20世纪末翻了一番，占英美的比重又开始超过10%，中国的相对发展水平告别了20世纪；（3）21世纪初以来，中国人均GDP有巨大的提升，至2018年超过1.3万美元，相当于英国的三分之一、美国的四分之一。[②]

将上述三个阶段的人均GDP相对水平的变化轨迹与学术思潮的阶段性变化联系起来看，最突出的一点是，在发展水平发生重大变化的阶段，也是我们学术思潮转轨的阶段。当前，中国正加快构建新发展格局，这意味着“国际”部分发生首当其冲的变化，从过去单纯地参与国际大循环逐渐转变为国内国际双循环相互促进。由于中国的经济总量正在快速接近美国，西方战略界人士普遍担忧中国经济实力也在快速转变为地缘政治影响力，这意味着中美之间的“经济”“政治”关系也在发生显著的改变。正如中国社会科学院张宇燕研究员强调的，原本被视作外生变量的外部环境现在需要加以内生化。[③] 在新发展格局加快推进的前景下，“国际”“政治”“经济”均在发生较大的变化，因而在未来一段时期中国的IPE研究也会继续呈现新的面貌。

---

① 徐秀军：《新时代中国国际政治经济学：一项研究议程》，《世界经济与政治》2020年第7期，第4—34页。

② 数据来自荷兰格罗宁根大学增长和发展中心提供的麦迪森数据库，https：//www.rug.nl/ggdc/historicaldevelopment/maddison/releases/maddison-project-database-2020。

③ 2023年4月15日，张宇燕在北京大学举办的“新时代国际关系理论创新”研讨会暨国际政治经济学专业20周年纪念会上的发言内容。

# 自主知识体系下国际政治经济学奏出的“二重曲”

黄琪轩 *

诺贝尔物理学奖得主理查德·费曼谈到：“如果我们仔细观察一杯酒，我们就可以看到整个宇宙……如果我们小小的头脑，为方便起见，把这杯酒，把这个小宇宙分成几个部分：物理学、生物学、地质学、天文学、心理学等。请各位记住，大自然并不知道这些!”我们现有的知识体系，包括政治学、经济学、社会学以及国际关系各分支学科，如国际关系理论、国际安全、国际政治经济学等，是学术共同体为了科研探索与课堂教学方便划分出来的。国际政治经济学就是一门交叉学科，它从诞生之初就走在“新文科”建设前列。当前，中国的国际政治经济学在构建自主知识体系过程中，从授课到研究，面临一些新变化。其他学科也会不同程度面对这些新变化，包括新的参与群体、新的探索主题、新的学习模式以及新的竞争压力。

新的参与群体让国际政治经济学的课堂主体超越传统师生。随着交通日益便利，网络更加普及，高等教育日益大众化，国际政治经济学的课堂有着更广阔的受众。除了在大学课堂的学生，政府官员、企业高管、研发人员都成为国际政治经济学的知识受众。广阔范围的受众打破了国际政治经济学传统课堂的“师生关系”。来自国际政治经济实务部门的实践者和大学师生之间互动交流，构成“亦师亦生”的关系，他们不仅是知识的消费者，同时也是知识的生产者。

新的探索议题让国际政治经济学的教学内容超越已有教材眼界。正如物联网、3D 打印、人工智能、量子信息、ChatGPT 等新技术不断涌现，而传统课本聚焦恒定知识和稳固规律，国际政治经济学教学也由此面临变革压力。世界政治经济变化越快，传统课本承载的理论的生命周期也就越短。现实需求推动，鲜活

* 黄琪轩，上海交通大学国际与公共事务学院副院长、教授，上海交通大学政治经济学研究院研究员。

实践补充让国际政治经济学教学内容日益超越教材眼界，把新事物、新现象、新研究纳入国际政治经济学的课堂。

新的学习模式让国际政治经济学的知识受众自主自愿学习。随着教学途径日益多元化，学生选择的学习模式也日益多样化。大量网络在线课程、公开课与开放的学术讲座带来了“学生主导的学习”、“大规模开放学习”、“基于探索的学习”以及“自主决定的学习”。这样的学习不拘泥于标准的课程考核，不局限于完整的知识体系。丰富多样的选择是对传统国际政治经济学课堂有益的补充。

新的竞争压力使国际政治经济学的授课教师超越狭隘眼界。打开互联网，我们就能找到形形色色的国际政治经济学学习资料：你可以很方便地找到哈佛大学杰弗里·弗里登关于全球化的讲座；你也有机会在中国大学校园跟随康奈尔大学彼得·卡赞斯坦学习国际政治经济学。国际政治经济学的课堂不仅面临国内同行的竞争压力，“世界是平的”，“课堂是平的”，讲授“全球化”的国际政治经济学教师还面临来自全球同行的竞争压力。在开放、竞争的环境下，以往的知识体系、课程内容、授课手段与学术眼界日益打开，无论是主动的还是被动的，大家“再次开眼看世界”。在诸多新变化面前，笔者用“二重曲”来展示中国的国际政治经济学教学和科研在追求自主知识体系建设过程中呈现的一些迥异却并行不悖的特点。

第一，“超大市场规模”促成了“分工”与“综合”。亚当·斯密在《国富论》前三章集中探讨“分工”。他展示“分工取决于市场规模”。中国市场规模大，世界日益互联互通，一个更大的受众群体呈现在中国国际政治经济学学者面前。受众广阔支撑了国际政治经济学内部更为精细的“分工”。就中国高校课程名称来看，我们可以轻易找到：发达国家的政治经济、发展的政治经济、区域化的政治经济、国际货币的政治经济、国际金融的政治经济、政治经济学与国家安全等。和斯密的判断一样，中国的超大市场规模支撑了中国国际政治经济学科研分工与教学分工日益细化。同时，更为广阔的受众在促成相反趋势初现端倪，即走向新一轮“综合”，走向新一轮“知识大融通”。以前国际政治经济学学科的参与者是一个比较稳定的群体。现在的参与者带来了新的“知识贡献者”，打破以往的固化分工。国际政治经济学中的重要机制是有限的，会被不断重复，会在不同学科领域重复，乃至会在文学作品（如《三体》）中再现。因此，当前的“综合”不仅在试图融合经济学、社会学等各色社会科学与自然科学，乃至在融通“文学”。不同群体，不同学科的新人在帮助国际政治经济学提炼重要机制。从课程到专著，“通论”“通识”等不断涌现。“分工”与“综合”成为国际政治经济自主知识体系建设过程中奏出的“二重曲”。

第二，“新的动荡变革期”推动的“自主”与“开放”。党的二十大报告提出世界进入“新的动荡变革期”。弗里德里希·李斯特在《政治经济学的国民体系》中强调：战争风险与安全压力促使一个国家要实现产业与技术“自主”。一般而言，国际关系学者往往强调在外部压力下，各国会加强“自助”“自主”来保障安全。当前，中国国际政治经济学的教学与科研都更加重视建设自主知识体系，用中国视角来整合世界知识，将民族特质融入普遍规律。和中国技术“自立自强”一样，国际政治经济学的中文论著中日益可见这样的努力，日益涌现出一批有中国特色、有原创性的国际政治经济学学术探索。相关研究关注边缘地带发展，关注礼治秩序。在外部竞争压力下，为“生存”“发展”，也需要“开放”，通过开放，学习强者，壮大自己。国际政治经济学因而也呈现出不同趋势，追求更大程度的开放，通过开放，学习强者，服务国家安全；通过高水平开放，实现的“文明共鉴”。在改革开放前，中国对外来著作的引介就一直没有中断。当时大学图书馆便能找到翻译成中文的灰皮书、蓝皮书、白皮书，向中国读者介绍世界文明。在面临巨大外部压力的情况下，中国学界坚持“批判借鉴”“学习强者”，和苏联构成极大反差。缺乏外部学术联系的苏联，其大学图书馆罕见类似外来政治经济译著力。所以当苏联知识界重新阅读外来著作时，表现得更缺乏反思，更容易走极端。当前，在“自主知识体系”建设下，中国的国际政治经济学在强调“自主”的同时仍在加强学术的高水平开放，一直在翻译、一直在比较、一直在共鉴。“自主”与“开放”是国际政治经济自主知识体系建设过程中奏出的又一“二重曲”。

第三，“中国特色社会主义大学”建设下的“规整”与“多样”。亚当·斯密在《国富论》中对牛津大学多有抱怨。他说：在牛津大学，大部分教授许多年以来甚至已经完全放弃了假装在教学。这是因为，享有官方垄断地位的牛津大学教授缺乏竞争压力。中国一流大学均为政府创办，国际政治经济学学科与教学在中国大学里均比较“规整”。和西方大学多样化的教材、个性化的大纲、多元化的阅读材料不同，马工程《国际政治经济学》教材的出版让全国大学的国际政治经济学教学有了更规整的范例；持续举办的中国“国际政治经济学论坛”

不断汇聚各方研究力量以形成学科共识。中国大学的国际政治经济学教学和科研在“规整”中稳步推进，缺乏西式“竞争”，却没有以牺牲“效率”为代价。中国国际政治经济学学者大都保持了较好“稳定性”。正如在德国，员工在一家企业就职几十年，而在美国则为几年。稳定的工作环境支撑了德国企业持续的经验积累和强劲的渐进创新。中国国际政治经济学者职业的相对稳定性带来了这个学科逐渐形成：没有输赢的竞争、并行不悖的共生、互助共赢的成长。北京、上海、天津、江苏、广东等各地的国际政治经济学者都有自己的平台、都有各自的听众、都有研究的侧重，都能在较好的职业稳定性下展开构建自主知识体系的努力和尝试。在缺乏西式竞争的学术共同体中，不仅有“规整”，还有并行不悖的“多样”。从论文发表来看，中国学界没有被“IO”体（《国际组织》期刊的论文样板）所统一，学术成果从研究选题到写作风格，都呈现极大差异，风格各异、各具特色。在国际政治经济学的旗帜下，中国学者既做普遍理论，又做特殊规律；既做中国研究，又做区域国别；既用科学方法，又用多样手段；既做精深学理，又做经世学问。这是一个多样共存的知识演进平台。大家在分散中试错，从错误中学习，不断尝试积累，逐渐形成有自身特色的知识体系。这既为未来的学术发展提供更多可能，又为研究者的互动互补、竞争共进提供了稳定预期。“规整”与“多样”是国际政治经济自主知识体系建设过程中奏出的另一“二重曲”。

对国际政治经济学的学科认同，对中国自主知识体系建设的持续努力汇聚了一批学者。面对世界政治经济的新变化，国际政治经济学的教学和科研在细化的“分工”中提升“综合”水平；在追求“自主”的同时保持“开放”心态；在“规整”中追求“多样”，共同构建中国国际政治经济学自主知识体系。

# 经济开放、经济安全与中国国际政治经济学的学术创新

李　巍*

近十年来，国际关系学术界对于纯粹的理论研究的热度有明显下降趋势，笔

* 李巍，中国人民大学国际关系学院副院长、教授。

者认为这是正常的。理论的创新是非常困难的，也是少有的。我们生产了很多致力于理论创新的学术论文，其实绝大部分都不会被学术史所记录，学术期刊是定期出版，但理论创新却不是定期产生。我们很多的理论“创新”其实是为了发表，而不是为了生产知识。为了理论“创新”而刻意别出心裁，凭空创造与现实脱节的理论概念，甚至牵强附会、强行构建一般性因果关系，笔者认为这是与学术精神和科学精神背道而驰的。在学术研究上，我们千万不能“为赋新词强说愁”。

笔者认为历史会有某种程度的重复，所以产生了很多类型的周期理论。我们今天所面临的很多困惑，其实历史当中都或多或少有些答案。所以我们不能以理论创新为目的，来进行学术研究；而是要以解决现实或历史问题为目标，来进行理论创新。理论创新与解决问题的关系不能搞反，否则就是违背了学术研究的“初心”。理论创新是在不断解决问题之中逐渐水到渠成的产物，理论创新不能心浮气躁揠苗助长。因此，我们大可不必为今天的“理论停滞”而过于哀怨，而我们需要反思的是，为什么我们的学术界不能很好地回答现实世界中的问题，以至于被决策者所“抛弃”，被公众所“蔑视”。

今天笔者想讨论的是一个关涉中国的大的现实问题，很难说有大的理论创新，但是这个大的现实问题中提出了许多小的学术命题，在一个一个地解决这些小的学术命题之后，蓦然回首，我们或许会发现，成体系的理论创新或许就在“灯火阑珊处”。

自冷战结束以来，国际经济从来没有像现在这样与国家安全和国际政治紧密地缠绕在一起。即便是一直自诩坚守自由市场原则的美国，政治领导人也多次喊出“经济就是国家安全”的口号，并在现实实践中大力展开经济外交捍卫国家经济安全，在国内层次则公然出台产业政策来应对大国经济竞争。因此，致力于研究政府和市场、权力与财富如何在国际体系层次进行互动的国际政治经济学也就从来没有像现在这样有趣和迷人，国际政治经济学也因此进入到一个新的黄金发展期。

在冷战结束之后的二十年里，美国一家独霸，大国权力政治明显退场，自由秩序得以确立，塑造国际经济关系的主要力量被认为是霸权国的国内政治。国际政治经济学在第二代学者的引领下进行了一场“还原主义”的赌博，这就是所谓的开放经济政治学（OEP）的研究路径。它推崇精密的研究方法，追求向经济学看齐，研究议题越来越小，丧失了对大问题的话语权。后来的事实表明，开放经济政治学并不是一个特别成功的学派概念，它的意义含混，成为一个学术小团体“相互捧场”的“标签”，与“开放”背道而驰，因此也没有产生太大的跨学科的影响力，很多从事国际安全研究的学者都对开放经济政治学所谓何物而不甚了了，就更别提在国际关系学之外了。也正因为如此，有学者批评到，冷战结束之后的国际政治经济学在开放经济政治学的引领下变得异常“乏味”，陷入了思想贫乏的境地，这直接限制了国际政治经济学作为一个分支学科学术影响力的提升。

更加致命的是，从 2010 年开始，它赖以生存的现实基础——开放经济——正在受到日益严峻的挑战。这种挑战肇始于 2008 年国际金融危机，发酵于克里米亚危机、“特朗普主义”崛起和英国“脱欧”，而包括加征括进口关税、抬高投资壁垒、管制技术出口和削弱金融纽带在内的中美经济脱钩进程则进一步挑战了开放经济秩序。如今，新冠疫情、俄乌冲突和美国针对中国“世界工厂”地位的产业战略（industrial statecraft）则成为压垮经济全球化这个骆驼的最后三根稻草，世界正在走向冷战结束以来的最大分裂。

开放经济这一前提不复存在了，它也再次证明经济全球化并不是人类社会必然的归宿。过去两百年的世界政治史表明，地缘政治和全球市场的撕扯和博弈并不必然以后者的胜出而告终，今后也同样是如此。中国是经济全球化和国际自由秩序最大的受益者，这种受益主要体现在中国的“世界工厂”地位的牢固确立。“世界工厂”是中国在国际社会中地位、尊严和权力的来源。但是，中国的“世界工厂”地位有着相当的脆弱性，这种脆弱性源自于中国高度仰仗一个平坦的世界市场，包括商品消费市场和金融投资市场，以及一个稳定的世界资源供应体系，具体包括能源、矿产和粮食这三大资源的供应和交易。

如今，这一切都岌岌可危。从 2018 年开始，美国对支撑中国“世界工厂”地位的优质企业的打压正在从无序变得有序。从挤压市场规模到阻塞技术交易，从抬高投资壁垒到切断融资渠道，再到组建产业联盟和技术联盟，中国企业的发展正在遭遇前所未有的、系统性的地缘政治压力，这是改革开放以来，我们从来没有遇到过的。而优质的企业是支撑中国经济崛起和保障中国社会稳定的基石。所以，我们可以认定，中美战略竞争的本质实际上是围绕“世界工厂”的竞争——美国要通过“产业战略”系统性打压中国的“世界工厂”，而中国则要在艰难时世中保卫自己的“世界工厂”地位。

但是在可预见的未来，十四亿中国人口的高质量发展又离不开对国际市场和国际资源的利用，我们绝大部分的优质企业都是在国际化的进程中获得了成功。中国要发展成为一个高等收入国家，只能更加开放，除此之外别无选择，因为仅靠国内市场和国内资源，中国的“世界工厂”地位恐怕难以为继，而离开了“世界工厂”地位，我们也难以支撑起一个高度发达和富足的巨型经济体。因此，中国有足够的意愿和动力来维持这个以开放经济为基础的国际秩序。

中国的人均国内生产总值（GDP）才刚刚超过 1 万美元，与主要发达国家还有相当大的距离，而且国内不同地区、不同社会阶层还呈现出发展的高度不平衡，这意味着中国“富起来”的发展任务还远远没有完成；但随着自由秩序的衰落和大国竞争的回归，中国经济发展的外部环境已经发生了根本性的变化，经济安全问题非常显著地摆在决策者面前。

这就提出了一个全新的学术命题：在新的地缘政治格局和国际秩序环境中，中国如何在继续坚持经济开放的进程中，保卫国家的经济安全，即确保经济发展不被外来政治力量干扰或破坏；如何在保卫国家经济安全的同时，又扩大对外开放，提高国民经济运行的效率，简言之，即如何平衡经济开放和经济安全之间的关系，已经成为中国经济外交战略的核心问题，而且也成为中国国际政治经济学研究的核心问题。如果说对于改革开放的四十年，中国的国际政治经济学研究主要围绕经济开放的政治学来展开，那么在今后的新时代，中国的国际政治经济学研究则需要显著增强经济安全的政治学研究，这意味着国际政治经济学在过去逐渐脱离国际安全研究之后，又要重新向传统安全研究回归。

国际政治经济学理论自 20 世纪 70 年代以来，就主要是以美国和欧洲的实践为基础构建起来，而中国的实践将构成未来国际政治经济学理论构建的主要经验基础。今后，中国将以自己的经济外交实践，在经济开放与独立自主、经济发展与国家安全之间，寻找最优的政策组合。而这一选择的过程，一方面当然取决于政治决策者的既有经验、价值理念和政策直觉，但另一方面也迫切需要国际政治经济学共同体所提供的学术支持。更重要的是，作为国际舞台中央的一个主要经济体，中国在开放与安全之间寻找平衡的内政与外交实践，不仅决定着自身的走向，也成为塑造未来国际秩序演进的重要力量，因此也就孕育着国际关系宏观理论突破的巨大契机。

对于中国的国际政治经济学研究者而言，我们在中外学术交流互鉴的基础上，亟需考虑超越西方学术同行所划定的学术议程，聚焦中国自身最为紧迫的现实核心问题，在自主知识体系的构建上走出一条新路。套用伟人的一句话：只有自主的知识，才是世界的知识。

# 西欧右翼民粹主义政党的“福利沙文主义”立场与主流政党的政策调整*

齐天骄**

【内容提要】 西欧国家经济增长放缓、财富分配不均和社会阶层分化引发了政党政治的结构性调整，民粹主义政党纷纷崛起。其中，右翼民粹主义政党通过将“内外对立”，以反移民、反全球化政策获得了众多选民的支持。近些年，右翼民粹主义政党将议题扩展至社会经济领域，提出排斥移民享受社会保护的福利沙文主义政策，进一步满足了中下阶层对于扩张本民族民众再分配制度的诉求。右翼民粹主义政党的福利沙文主义立场与其运用选票寻求策略回应选民关切和以身份认同为前提寻求执政或组阁有关。由于右翼民粹主义政党的福利沙文主义政策与主流政党存在议题竞争，因此，为了防止选民流失，主流政党进行了适度的政策调整。虽然获得了广泛关注，但右翼民粹主义政党的发展面临着一系列困境。此外，乌克兰危机和新技术革命可能会进一步影响西欧国家的政党政治架构。

【关键词】 右翼民粹主义政党；主流政党；福利沙文主义；政策调整

---

* 本文系国家社会科学基金青年项目“福利国家贫富差距扩大问题及启示研究”（项目批准号：23CZZ052）的阶段性成果。感谢《世界政治研究》匿名审稿人评审意见，笔者文责自负。

** 齐天骄，法学博士，中国社会科学院欧洲研究所副编审，中国社会科学院中德合作中心副研究员。

发达国家经济增长放缓、财富分配不均和社会阶层分化是近些年被广泛讨论的话题。在发达国家内部，精英享受了资本和产业结构转移带来的红利，被全球化淘汰的低收入阶层则陷入贫困。随着后工业社会的到来和人口的结构性困境愈演愈烈，福利国家尝试进行制度性调整。一方面，国家持续紧缩福利，如提高退休年龄、收紧福利享受资格等；另一方面，国家实行社会投资政策，将被动的转移支付调整为以增强人力资本投资为目标的政府支出，从而将社会政策与后工业社会的新社会风险相耦合。后者如促进女性就业、提倡灵活保障；呼吁进行人力资本投资，提倡终生教育、儿童早期教育和照护等政策。① 上述政策虽然在一定程度上缓解了福利国家的困境，然而并未有效解决贫富差距问题。

贫富分化的扩大除了给民众福祉带来负面影响，还会加剧社会矛盾，导致政治极化。② 始于2008 年的国际金融危机进一步扩大了财富鸿沟，贫困人群的可支配收入持续降低，③ 精英和民众对立的趋势越发显现。这引发了西欧政党制度的结构性改变。④ 为了度过危机，各国政府采取的紧缩政策给民粹主义政党的发展壮大提供了机遇，其呼吁国家在危机中保护底层民众，从而对执政党发起挑战。

根据穆德（Cas Mudde）的定义，民粹主义认为社会被分为两个同质且相互排斥的群体——“纯洁的人民”和“腐败的精英”，而政治应该是民众普遍意志的表达。⑤ 民粹主义政党强调经济和政治民族主义、疑欧主义，并且将自身定位

① Menno Fenger, “The Social Policy Agendas of Populist Radical Right Parties in Comparative Perspective,” *Journal of International and Comparative Social Policy*, vol. 34, no. 3, 2018, pp. 188 – 209.

② Robert Anderson, “Support for Democracy in Cross-national Perspective: The Detrimental Effect of Economic Inequality,” *Research in Social Stratification and Mobility*, vol. 30, no. 4, 2012, pp. 389 – 402; Torben Iversen and David Soskice, “Information, Inequality, and Mass Polarization: Ideology in Advanced Democracies,” *Comparative Political Studies*, vol. 48, no. 13, 2015, pp. 1781 – 1813; Hernan Winkler, “The Effect of Income Inequality on Political Polarization: Evidence from European Regions, 2002 – 2014,” *Economics and Politics*, vol. 31, no. 2, 2019, pp. 137 – 162.

③ Fabian T. Pfeffer, Sheldon Danziger and Robert F. Schoeni, “Wealth Disparities Before and After the Great Recession,” *The Annals of the American Academy of Political and Social Science*, vol. 650, no. 1, 2013, pp. 98 – 123; Barry Z. Cynamon and Steven M. Fazzari, “Inequality, the Great Recession and Slow Recovery,” *Cambridge Journal of Economics*, vol. 40, no. 2, 2016, pp. 373 – 399.

④ Enrique Hernández and Hanspeter Kriesi, “The Electoral Consequences of the Financial and Economic Crisis in Europe,” *European Journal of Political Research*, vol. 55, no. 2, 2016, pp. 203 – 224.

⑤ Cas Mudde, “The Populist Zeitgeist,” *Government and Opposition*, vol. 39, no. 4, 2004, p. 543.

为反建制、反精英政党。[①] 其代表了社会经济中的弱势群体，这些人多对现状心存不满，对执政者和政治机构的信任度较低。[②] 民粹主义政党分为左翼民粹主义政党和右翼民粹主义政党，位于政治谱系的两端。左翼民粹主义政党强调全球化对底层民众的冲击，从而将掌控经济并制定规则的精英与无权无势的低收入群体进行“上下对立”；而同样是基于全球化冲击，右翼民粹主义政党则重视难民和移民对本民族民众的不利影响，将具有同一民族和文化认同的“我们”与民族宗教异质的“他者”进行“内外对立”。[③]

过去二十年，以英国独立党（UKIP）、法国国民联盟（FN）、德国选择党（AfD）、奥地利自由党（FPÖ）、荷兰自由党（PVV）、瑞典民主党（SD）、丹麦人民党（DF）、意大利联盟党（Lega）和意大利兄弟党（Fratelli d'Italia）等为代表的西欧右翼民粹主义政党，在本国选举中得到广泛支持。其强调文化的差异性并排斥多元文化的社会，主张强化民族国家的职能。这些政党将对移民的排斥和重申本民族文化的主导地位作为其政策的出发点，[④] 强调民族利益优先和本国国民优先。随着右翼民粹主义政党的持续崛起，其不再仅限于对移民等议题发表看法，而将关注点推广至社会经济领域。在就业和社会保障制度方面，右翼民粹主义政党强调巩固甚至扩张本民族民众的福利，扩大政府的福利供给职能；对于移民则力求缩紧福利享受资格，认为移民抢夺了本国国民的饭碗，浪费了本国的福利资源。[⑤] 由于反对劳工移民，他们限制劳动力市场的自由竞争。在具体的政策中，右翼民粹主义政党更关注传统福利政策的稳定，但并不看好社会投资政策。[⑥] 总体而言，在社会福利领域，右翼民粹主义政党强调在区分“我们”与

---

① Jonathan Hopkin, *Anti-system Politics: The Crisis of Market Liberalism in Rich Democracies*, Oxford: Oxford University Press, 2019.

② Matthijs Rooduijn et al., “Radical Distinction: Support for Radical Left and Radical Right Parties in Europe,” *European Union Politics*, vol. 18, no. 4, 2017, pp. 536 – 559; Jens Rydgren, “The Sociology of the Radical Right,” *Annual Review of Sociology*, vol. 33, no. 1, 2007, pp. 241 – 262.

③ 田野、李存娜:《全球化冲击、互联网民主与混合民粹主义的生成——解释意大利五星运动的兴起》,《欧洲研究》2019 年第 1 期，第 91—125 页。

④ Herbert Kitschelt, “Growth and Persistence of the Radical Right in Postindustrial Democracies: Advances and Challenges in Comparative Research,” *West European Politics*, vol. 30, no. 5, 2007, pp. 1176 – 1206.

⑤ 宋全成:《反移民、反全球化的民粹主义何以能在欧美兴起》,《山东大学学报》（哲学社会科学版）2018 年第 5 期，第 90—98 页。

⑥ Daniel Oesch, “Explaining Workers' Support for Right-Wing Populist Parties in Western Europe: Evidence From Austria, Belgium, France, Norway, and Switzerland,” *International Political Science Review*, vol. 29, no. 3, 2008, p. 351.

“他者”的基础上，对再分配政策进行重新考量。

右翼民粹主义政党的上述政策让我们不禁产生疑问：作为政治谱系中右翼政党的一员，右翼民粹主义政党如何在与提倡自由市场的主流右翼政党的合作中主张其福利政策？右翼民粹主义政党带来的选举竞争，如何改变主流政党的竞选策略？面对接踵而至的变革，右翼民粹主义政党将向何处去？本文拟对以上问题进行回答。

## 一　右翼民粹主义政党的福利沙文主义立场

起初，右翼民粹主义政党是利基政党，由于反移民政策而得到了民众支持。现代化和全球化对本国文化和经济造成了影响，带来了文化观念的冲突和部分民众的不满。[①] 就内部变革而言，技术革命重塑了就业结构，改变了不同职业的相对重要性和价值。在后工业时代，作为中下阶层核心的劳工阶层，由于对工种的需求减少，就业人数大幅缩减。因此，传统的男主外—女主内模式、稳定就业和按时退休制度不再被视为理所当然。这一变化让中下层民众产生了被孤立、被疏远和不适感。[②] 就外部变革而言，进入 21 世纪，随着移民群体占比的显著增长，围绕移民社会地位的辩论在许多欧洲国家成为一个热门话题，主要集中于是否应接纳人员的自由流动，移民是否能够以及何时可以获得福利国家的社会保护等议题。随着经济下滑、公共支出减少和社会分化加剧，无法赶上现代化步伐的中下层民众需要寻找“替罪羊”。而移民的增加让这些“他者”成为了本民族民众针对的对象。他们认为，移民的涌入冲击了本国传统社会文化根基，其应该对国民生活质量的下降承担责任。

近些年，右翼民粹主义政党通过对上述两方面进行整合，并将议题拓展至主流政党的重点关注领域——社会福利，赢得了本国中下层民众的广泛支持。右翼民粹主义政党指出，移民对本民族民众福利的抢夺导致了福利国家的困境，因而国家应保护本民族民众免受全球化的不利影响。通过将其观念根植于对多元文化主义

---

① Simon Bornschier and Hanspeter Kriesi, “The Populist Right, the Working Class, and the Changing Face of Class Politics,” in Jens Rydgren, ed., *Class Politics and the Radical Right*, London and New York: Routledge, 2013, pp. 10 - 22.

② Merryn Ekberg, “The Parameters of the Risk Society: A Review and Exploration,” *Current Sociology*, vol. 55, no. 3, 2007, pp. 343 - 366.

的反对，这些政党政策超越了福利扩张或紧缩的二元选择，而将是否“应得”作为福利享受的先决条件，认为只有本民族民众才可以被福利国家所保护。需要指出的是，右翼民粹主义政党对于福利国家的强调与传统左翼政党存在较大差别，一方面，其表达了福利国家制度和再分配政策的重要性，宣称支持较为慷慨的福利政策；另一方面，右翼民粹主义政党坚持认为，有资格获得这些福利的仅仅是那些本民族的居民，反对将社会福利推广到非本族裔民众，因而排除了移民、难民和其他的“他者”。[①] 基于此，该类型政党由于强调再分配的福利政策而与主流左翼政党趋近，由于反对多元文化主义而与主流右翼政党趋同，[②] 因而其吸引了部分中右翼政党的支持者，并将部分左翼政党选民纳入麾下。由于其政策融合了保守主义和再分配立场，因而被称为“福利沙文主义”（welfare chauvinism）。[③]

福利沙文主义可以被定义为一种集体社会保护制度，仅保护那些为其做出贡献的族群。[④]“福利沙文主义”一词肇始于 20 世纪 90 年代，学者将右翼民粹主义政党在西欧国家的成功归结于其福利沙文主义政策得到了选民的广泛支持。彼时，通过对丹麦和挪威的研究，学者发现，右翼民粹主义政党的选民支持福利再分配政策，但排斥移民享受社会福利，因此将福利沙文主义描述为“社会福利应仅限于‘我们自己’享受”。[⑤] 德科斯特（William de Koster）等人认为，福利沙文主义是对经济再分配的强烈支持与对向移民分配福利的抵制相结合的一种意识形态。[⑥] 卡雷哈（Romana Careja）等人认为，福利沙文主义是强烈的亲福利国家立场与明确的排除“他者”的目标的结合。[⑦] 基歇尔特（Herbert Kitschelt）发

① Romana Careja et al. , “Direct and Indirect Welfare Chauvinism as Party Strategies: An Analysis of the Danish People's Party,” *Scandinavian Political Studies*, vol. 39, no. 4, 2016, pp. 435 –457.

② Matthias Enggist and Michael Pinggera, “Radical Right Parties and Their Welfare State Stances-Not So Blurry After All?” *West European Studies*, vol. 45, no. 1, 2021, pp. 102 –128.

③ Cas Mudde, *The Ideology of the Extreme Right*, Manchester: Manchester University Press, 2000; Jorgen G. Andersen, “Restricting Access to Social Protection for Immigrants in the Danish Welfare State,” *Benefits*, vol. 15, no. 3, 2007, pp. 257 –269.

④ Herbert Kitschelt, “Growth and Persistence of the Radical Right in Postindustrial Democracies: Advances and Challenges in Comparative Research,” *West European Politics*, vol. 30, no. 5, 2007, pp. 1176 –1206.

⑤ Jørgen G. Andersen and Tor Bjørklund, “Structural Changes and New Cleavages: The Progress Parties in Denmark and Norway,” *Acta Sociologica*, vol. 33, no. 3, 1990, p. 211.

⑥ Willem de Koster et al. , “The New Right and the Welfare State: The Electoral Relevance of Welfare Chauvinism and Welfare Populism in the Netherlands,” *International Political Science Review*, vol. 34, no. 1, 2013, p. 6.

⑦ Romana Careja et al. , “An American Dilemma in Europe? Welfare Reform and Immigration,” in Pauli Kettunen et al. , eds. , *Race*, *Ethnicity and Welfare States*, Edward: Elgar Publishing, 2016, p. 436.

现，选民和政党可以在相互冲突的两种观念——有利于社会再分配的经济维度和持反移民态度的社会文化维度中采取截然相反的立场，且这两个维度相互关联。因此，福利沙文主义被定义为对属于同质族群并为福利国家制度做出贡献的人提供社会保护的主张。[①] 具体到欧洲，马克斯（Paul Marx）和瑙曼（Elias Naumann）将难民危机后选民福利沙文主义倾向的增加解释为，众多难民带来的人口异质性引发了选民的反感，从而加强了其排外倾向并主张保护本民族公民获得福利权利。[②] 也有学者将福利沙文主义与传统观念进行关联，认为主张福利沙文主义的政党促进了“选择性团结”（selective solidarity），即团结了可以享受再分配政策的本民族居民，而将移民排除在外。[③] 在具体政策方面，福利沙文主义关注个人在面对风险时通过国家政策进行收入替代，如养老金、失业救济金等，因而对社会投资这种无法产生短期收益的政策强调较少。[④]

福利沙文主义满足了劳工阶层对慷慨的再分配制度的诉求，其政策成为右翼民粹主义政党社会经济政策的基石。[⑤] 那些处于社会中下层的民众认为，当局者本应对他们的困境负有责任。由于民众的诉求未得到满足，他们对建制派政党越发失望和不满。此外，工会、宗教组织等被大幅削弱，去工业化和经济重构与劳工组织的解体同步发展，劳工阶层趋于松散，从而按照自发意愿行事。[⑥] 因此，

---

① Herbert Kitschelt, *The Radical Right in Western Europe: A Comparative Analysis*, Ann Arbor: University of Michigan Press, 1995, p. 22.

② Paul Marx and Elias Naumann, “Do Right-wing Parties Foster Welfare Chauvinistic Attitudes? A Longitudinal Study of the 2015 ‘Refugee Crisis’ in Germany,” *Electoral Studies*, vol. 52, 2018, p. 115.

③ Zoe Lefkofridi and Elie Michel, “The Electoral Politics of Solidarity: The Welfare Agendas of Radical Right Parties,” in Keith Banting and Will Kymlicka, eds., *The Strains of Commitment: The Political Sources of Solidarity in Diverse Societies*, Oxford: Oxford University Press, 2017, pp. 233 – 267; Edward A. Koning, *Immigration and the Politics of Welfare Exclusion: Selective Solidarity in Western Democracies*, Toronto: University of Toronto Press, 2019, p. 15; Christian Albrekt Larsen, “The Institutional Logic of Giving Migrants Access to Social Benefits and Services,” *Journal of European Social Policy*, vol 30, no. 1, 2020, pp. 48 – 62; Gabriele Magni, “Economic Inequality, Immigrants and Selective Solidarity: From Perceived Lack of Opportunity to In-group Favoritism,” *British Journal of Political Science*, vol. 51, no. 4, 2021, pp. 1357 – 1380.

④ Laurenz Ennser-Jedenastik, “A Welfare State for Whom? A Group - based Account of the Austrian Freedom Party's Social Policy Profile,” *Swiss Political Science Review*, vol. 22, no. 3, 2016, pp. 409 – 427.

⑤ Alexandre Afonso and Yannis Papadopoulos, “How the Populist Radical Right Transformed Swiss Welfare Politics: From Compromises to Polarization,” *Swiss Political Science Review*, vol. 21, no. 4, 2015, pp. 617 – 635; Leonce Röth et al., “The Impact of Populist Radical Right Parties on Socio-economic Policies,” *European Political Science Review*, vol. 10, no. 3, 2017, pp. 325 – 350.

⑥ Jørgen Goul Andersen and Tor Bjørklund, “Structural Change and New Cleavages: The Progress Parties in Demark and Norway,” *Acta Sociologica*, vol. 33, no. 3, 1990, p. 214.

工会将劳工阶层融入左翼政党能力的式微，有利于右翼民粹主义政党在劳工阶层中取得成功。雪上加霜的是，金融危机使得主流右翼政党的新自由主义政策的合法性受到挑战，而主流左翼政党为赢得选举背叛了劳工阶层，使其失去了选民信任。主流左翼和右翼政党观念的融合使得民粹主义政党更有可能在政治谱系中找到自己的位置,① 劳工阶层放弃了对主流政党的支持，部分转向右翼民粹主义政党，带来欧洲政党格局的改变。传统的中左和中右翼政党的两极竞争转变为三极竞争格局：民粹主义政党发展壮大，中左和中右翼政党式微。这挑战了根据经济利益，产业工人支持主流左翼政党、企业主支持主流右翼政党的传统阶级—党派间关系，选民的阶级认同逐步淡化。② 甚至有学者指出，右翼民粹主义政党逐渐成为蓝领劳工聚集的“无产阶级政党”。③

基于上述分析，我们可以对右翼民粹主义政党、主流左翼政党和主流右翼政党在社会经济领域的议题主张进行总结，如图 1 所示。一方面，右翼民粹主义政党持福利沙文主义立场，对本民族公民持保护主义政策，支持去商品化、反对多元文化主义、扩大福利享受对象和标准；而对于“不应得”的移民，右翼民粹主义政党则持新自由主义观点，强调福利紧缩、反对移民获得同等福利。基于此，在福利扩张方面，右翼民粹主义政党吸引了部分支持左翼政党的“全球化的失败者”，分化了左翼政党的传统支持者，从而与左翼政党存在选民竞争。另一方面，作为政治谱系中右翼政党的一员，右翼民粹主义政党持保守主义立场，因而吸引了部分主流右翼政党的选民。然而，右翼民粹主义政党的福利沙文主义政策与主流右翼政党的福利紧缩政策相悖，同时其对移民的排斥又与主流左翼政党普遍性的福利扩张政策相冲突。因此，右翼民粹主义政党与主流政党间竞合并存。

---

① Herbert Kitschelt, *The Radical Right in Western Europe*: *A Comparative Analysis*, Ann Arbor: University of Michigan Press, 1995.

② Daniel Oesch and Line Rennwald, “Electoral Competition in Europe's New Tripolar Political Space: Class Voting for the Left, Centre-right and Radical Right,” *European Journal of Political Research*, vol. 57, 2018, pp. 783 – 807.

③ Marcel Lubbers et al. , “Extreme Right-Wing Voting in Western Europe,” *European Journal of Political Research*, vol. 41, 2002, p. 364; Kai Arzheimer, “Working Class Parties 2. 0? Competition Between Centre Left and Extreme Right Parties,” in Jens Rydren, ed. , *Class Politics and the Radical Right*, London: Routledge, 2012, pp. 75 – 90.

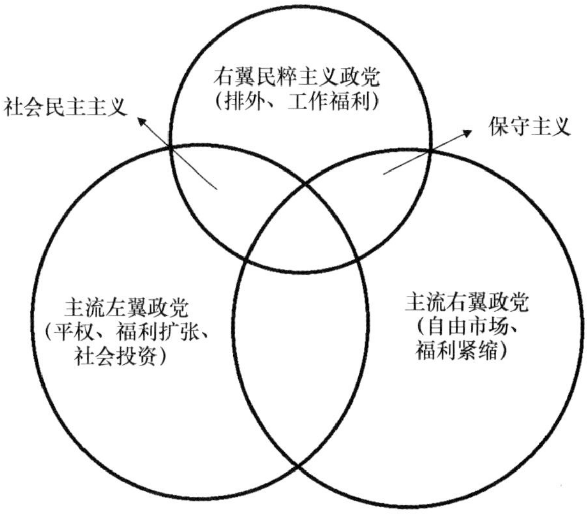


**图1　右翼民粹主义政党与主流政党间的议题联系**

资料来源：作者自制。另参见 Werner Krause and Heiko Giebler, “Shifting Welfare Policy Positions: The Impact of Radical Right Populist Party Success Beyond Migration Politics,” *Representation*, vol. 56, no. 3, 2002, p. 335。

## 二　右翼民粹主义政党构建福利沙文主义立场的原因

如前所述，右翼民粹主义政党通过在社会经济领域发表观点，构建了福利沙文主义立场，从而吸引了众多选民甚至成为政府一员。其原因可以从两方面进行分析：一方面，右翼民粹主义政党的选票寻求策略促使其不再仅仅关注专有议题，而是通过福利沙文主义政策回应选民关切并赢得选举；另一方面，为上台执政或组阁，右翼民粹主义政党以身份认同为前提，以是否“应得”福利作为划分标准，从而既维护了劳工需求，又迎合了主流右翼政党的政策主张。

### （一）运用选票寻求策略回应选民关切

实际上，移民是东道国社会福利的净贡献者。诚然，那些受教育水平较低、收入较少的阶层往往对这一问题缺乏客观认识。然而，作为政治精英，其察觉到国家是移民的受益者这一事实并不难。那么为什么右翼民粹主义政党恰恰在福利沙文主义政策方面大做文章？这与政党的选举策略有关。选票寻求策略（vote-seeking strategy）认为，一方面，主流政党的政策调整带来基于阶层分化的左右政治分野被打破，传统政党纽带逐步松动，政党归属和政治效忠日渐解除。随着主流政党政策的趋同，社会福利议题不再是主流左翼政党的优势议题。因此，右翼民粹主义政党只有不断适应政党政治变化，调整关注的议题和对社会福利议题的态度，才能满足选民的需求。另一方面，在竞争性民主国家中，由于政党无法控制政治议程，其不能只关心本党派的核心议题，而必须对选民关注的议题进行广泛回应。如果某一政党在受到广泛关注的传统议题方面表达了过于异化的态度，便会失去选民支持。在大多数民主国家，包括右翼民粹主义政党在内的凭借利基议题而兴起的政党，只有在其囊括广泛的议题时才能在本国政党制度中得以生存。因此，右翼民粹主义政党的议题进一步扩展，不再仅限于反移民议题，还关注更为普遍的社会经济层面议题，并将两者进行结合，以吸引该阶层选民。具体而言，中低收入阶层选民在社会经济领域的主要关切涉及全球化背景下的经济诉求和社会文化诉求。

1. 经济诉求

群体冲突（group conflict）对经济因素带来的选举政治变化进行描述。该理论将福利沙文主义解释为内外群体之间冲突的结果，冲突存在的前提是对稀缺资源或风险的感知。社会群体对稀缺性商品存在利益冲突，如住房、工作或社会福利等。因此，对稀缺资源的竞争可能导致族群冲突和对外来群体的消极态度。一个群体在社会中的相对位置成为构建群体间关系的核心要素。[①] 由于客观贫困为群体间冲突提供了基础，对于低技能和受教育程度较低的群体而言，其收入水平和社会地位更低，因此更有可能感知族群间竞争的威胁。[②] 当经济下滑时，由于竞争和冲突持续加剧，族群威胁的感受将会更加普遍。

移民在劳动力市场、公共服务等方面会与本民族民众产生竞争。因而，出于对自身利益的考量，本民族民众会对移民产生排斥情绪。[③] 经济低迷，加之经济

---

① Hubert M. Blalock, *Toward a Theory of Minority-Group Relations*, New York: John Wiley & Sons, 1967; Herbert Blumer, "Race Prejudice as a Sense of Group Position," *Pacific Sociological Review*, vol. 1, no. 1, 1958, pp. 3 –7.

② Susan Olzak, *Dynamics of Ethnic Competition and Conflict*, Stanford: Stanford University Libraries, 1992; Anastasia Gorodzeisky and Moshe Semyonov, "Not Only Competitive Threat but Also Racial Prejudice: Sources of Anti-migrant Attitudes in European Societies," *International Journal of Public Opinion Research*, vol. 28, no. 3, 2016, pp. 331 –354.

③ 王子成、周易：《移民排斥理论与实证研究进展》,《劳动经济研究》2018 年第 3 期，第 114—132 页。

一体化带来的人员和资本的自由流动，使得民众之间为争夺有限资源而竞争加剧，多数族裔与移民在资源分配方面的冲突持续加大。① 具体而言，全球化带来竞争加剧，导致新的社会分化。然而，相比对同胞的抱怨，民众更容易将这一问题归罪于外来者，从而形成对他族的排斥。② 移民被认为是劳动力市场上竞争过于激烈的替罪羊，并造成社会倾销。那些处于社会边缘的多数族裔通过对右翼民粹主义政党的支持来表达他们对移民的不满。对于本民族民众，尤其是那些收入水平较低、更容易受全球化冲击的民众而言，外来劳工带来的竞争对其工作和收入造成了更直接的威胁，这些担忧推动了右翼民粹主义政党的崛起。③

就社会福利政策而言，那些视移民为本国威胁的民众更有可能将其视作福利国家的负担。对移民的财政补贴带来的高昂成本，以及移民给本已有限的公共服务造成的压力，增强了本民族民众对移民对福利国家影响的担忧。④ 他们认为，自己将通过更多赋税来补贴移民，从而进一步将不稳定的收入、社会阶层的下滑和经济的不安全感与福利沙文主义相联系。⑤ 去工业化、对凯恩斯主义的质疑以及放松对充分就业的要求，导致许多传统行业面临高失业率的困境。由于劳工阶层学习新技术的速度有限，加之信息技术的发展、资本的跨国流动和产业链的外迁等外部因素的共同作用，让其难以适应新环境。作为在经济社会变革中失去更

---

① Marcel Lubbers et al. , “Extreme Right-wing Voting in Western Europe,” pp. 345 – 378.

② Marcel Coenders and Peer Scheepers, “Support for Ethnic Discrimination in the Netherlands 1979 – 1993: Effects of Period, Cohort, and Individual Characteristics,” *European Sociological Review*, vol. 14, no. 4, 1998, pp. 405 – 422; Susan Olazk, *Dynamics of Ethnic Competition and Conflict*, Stanford: Stanford University Press, 1992.

③ Martin Halla et al. , “Immigration and Voting for the Far Right,” *Journal of the European Economic Association*, vol. 15, no. 6, 2017, pp. 1341 – 1385; Christian Dustmann et al. , “Refugee Migration and Electoral Outcomes,” *Review of Economic Studies*, vol. 86, no. 5, 2018, pp. 2035 – 2091; Anthony Edo et al. , “Immigration and Electoral Support for the Far-Left and the Far-Right,” *European Economic Review*, vol. 115, no. 1, 2019, pp. 99 – 143.

④ Yotam Margalit, “Economic Insecurity and the Causes of Populism, Reconsidered,” *Journal of Economic Perspectives*, vol. 33, no. 4, 2019, pp. 152 – 170.

⑤ Robert Ford, “Who Should We Help? An Experimental Test of Discrimination in the British Welfare State,” *Political Studies*, vol. 64, no. 3, 2016, pp. 630 – 650; Frederik Hjorth, “Who Benefits? Welfare Chauvinism and National Stereotypes,” *European Union Politics*, vol. 17, no. 1, 2016, pp. 3 – 24; Mathijs Kros and Marcel Coenders, “Explaining Differences in Welfare Chauvinism Between and Within Individuals Over Time: The Role of Subjective and Objective Economic Risk, Economic Egalitarianism, and Ethnic Threat,” *European Sociological Review*, vol. 35, no. 6, 2019, pp. 860 – 873; Jan Mewes and Steffen Mau, “Globalization, Socioeconomic Status and Welfare Chauvinism: European Perspectives on Attitudes Toward the Exclusion of Immigrants,” *International Journal of Comparative Sociology*, vol. 54, no. 3, 2012, pp. 228 – 245.

多的人，劳工阶层成为“全球化的失败者”。这些选民无法从主流政党那里获得所需的支持，而右翼民粹主义政党及时认识并抓住了这一点。这些政党认为，移民和难民不应获得本国福利，移民破坏了现存的社会保护体系，福利国家制度已经成为懒惰的移民的吸铁石。例如，德国选择党将移民与社会福利支出的攀升进行关联。法国国民联盟主席勒庞指出，法国必须把社会福利留给本民族同胞，并让其拥有优先就业和获得住房的权利。她将这些目标与禁止移民相联系，声称在数百万同胞失业的背景下，允许大量移民进入法国是荒谬的。英国独立党的竞选纲领则将注意力集中在与普通民众切身利益相关的社会问题。该党指出，移民带来了本国失业、低工资以及国民医疗服务（NHS）过长的等候名单，普通英国人将无法享受到足够的社会服务。上述政党通过将选民关切与移民对本国的影响进行关联，成功吸引了众多选民。鉴于此，作为经济结构性变化的主要受害者，劳工通过选择唯一公开拒绝经济现代化的政治替代方案，即通过投票给右翼民粹主义政党来表达他们的不满。

2. 社会文化诉求

持社会文化诉求的学者指出，他族的威胁带来了对福利沙文主义的偏好，而主观感知的经济风险所起到的影响有限。① 这些学者认为，失业率上升与右翼民粹主义政党的支持率攀升无必然联系，因为提升就业议题并非右翼民粹主义政党所独有。而那些在移民问题上采取强硬立场的右翼民粹主义政党更有可能使其政策合法化。② 因此，一般而言，移民群体对东道国的经济威胁仅反映了一种工具性功能，其动机是保持本族裔群体物质上的特权；文化威胁则具有根本的身份性功能，其动机是区分“我们”与“他者”的身份认同，③ 从而形成是否有资格享受社会福利的分野。相较而言，全球化带来的种种负面影响起到了加剧不同人群之间社会文化分裂趋势的作用。

社会文化因素主要指本民族公民对于多元文化主义和平权的态度对党派选择

① Mathijs Kros and Marcel Coenders, “Explaining Differences in Welfare Chauvinism Between and Within Individuals Over Time: The Role of Subjective and Objective Economic Risk, Economic Egalitarianism, and Ethnic Threat,” *European Sociological Review*, vol. 35, no. 6, 2019, pp. 860 - 873.

② Kai Arzheimer and Elisabeth Carter, “Political Opportunity Structures and Right-Wing Extremist Party Success,” *European Journal of Political Research*, vol. 45, no. 3, 2006, pp. 421 - 422.

③ Andrea Bohman, “Who's Welcome and Who's Not? Opposition Towards Immigration in the Nordic Countries, 2002 - 2014,” *Scandinavian Political Studies*, vol. 41, no. 3, 2018, pp. 283 - 306.

的影响，其反映了人们对进步主义所带来的改变的一种抵制。由于教育背景和生活经历的差异，民众在面对全球化浪潮时，或采取开放的心态欢迎文化自由，或反对全球化、排斥移民。而后者更多地支持右翼民粹主义政党。[①] 这些选民对本民族群体产生身份认同，并对外来群体形成偏见，从而不断强化本族群与其他族群之间的区别。偏见的起源被视为占人口多数的群体对特权受到威胁的防御性反应。[②] 其强调民族国家应该完全由本民族成员居住，他族成员的到来将对民族国家构成威胁。[③] 这种威胁通常基于象征性威胁，即由于民族、文化、宗教等方面的差异，产生的本民族的优越感与对他族的排斥情绪，体现了本民族受外来移民的非经济冲击时所表现出的抵触心理。[④] 在西欧，新左派为吸引中间选民而更加强调普遍价值观、文化自由主义，忽略了中下阶层的诉求，使得后者对于左翼党派的支持收缩。[⑤] 这些选民由于担心来自非西欧国家的移民对社会造成影响，纷纷转投右翼民粹主义政党。这些支持者多为较为年轻或年老的男性、受教育程度较低者、劳工、小资产阶级，以及日常从事非体力劳动但不存在国际竞争的普通雇员。[⑥] 其中，劳工阶层对多元文化的排斥更为明显，其在应对移民带来的文化挑战方面显得更加力不从心。[⑦] 另有学者认为，那些社会地位与移民相似的群体更有可能将移民视为威胁。[⑧] 由于这些人无法完全融入社会，因此需要一个组织将其进行整合以寻求归属感，而右翼民粹主义政党通过对民族主义的强调满足了上述群体的诉求。例如，德国选择党在 2021 年的竞选纲领中对多元文化主义的意识形态持坚决反对的立场，指出其将对主流文化构成威胁。该党认为，不同文

---

① Simon Bornschier and Hanspeter Kriesi, “The Populist Right, the Working Class, and the Changing Face of Class Politics,” in Jens Rydgren, ed., *Class Politics and the Radical Right*, London and New York: Routledge, 2013, pp. 10 – 22.

② Muzafer Sherif and Carolyn W. Sherif, *Social Psychology*, New York: Harper & Row, 1969.

③ Cas Mudde, *Populist Radical Right Parties in Europe*, Cambridge: Cambridge University Press, 2007.

④ 王子成、周易：《移民排斥理论与实证研究进展》，《劳动经济研究》2018 年第 3 期，第 114—132 页。

⑤ John Goldthorpe, “Globalisation and Social Class,” *West European Politics*, vol. 25, no. 3, 2002, pp. 15 – 20.

⑥ Kai Arzheimer and Elisabeth Carter, “Political Opportunity Structures and Right-Wing Extremist Party Success,” *European Journal of Political Research*, vol. 45, no. 3, 2006, pp. 421 – 422; Marcel Lubbers et al., “Extreme Right-wing Voting in Western Europe,” pp. 345 – 378.

⑦ Daniel Oesch, “Explaining Workers’ Support for Right-Wing Populist Parties in Western Europe: Evidence From Austria, Belgium, France, Norway, and Switzerland,” *International Political Science Review*, vol. 29, no. 3, 2008, pp. 349 – 373.

⑧ Seymour M. Lipset, *Political Man*, New York: Doubleday & Company, 1960.

化无法在一个国家共存，主流文化应该代替多元文化。[①] 基于此，选择党建立了一种有利于德意志人的话语体系，并表明外来移民对德意志人的生存构成了威胁。此外，“文化抵制”（cultural backlash）助推了右翼民粹主义政党的繁荣。近几十年来，代际人口更替和后物质主义价值观的扩张激起了年长、保守群体的威权主义反弹。这些人失去了社会话语权，并认为其核心规范、价值观和传统身份受到威胁，因此对移民、全球化和进步的文化价值观产生了愤怒和怨恨的情绪。[②]

就社会福利政策而言，身份认同和价值观形塑了民众对福利国家的态度。身份认同和对社会的看法区分了“我们”和“他者”，进一步塑造了个人将社会福利的安全网扩展到与自己不属于同一民族的“他者”的意愿。[③] 对公民身份认知的差异带来了对右翼民粹主义政党的支持。由于公民身份基于文化或民族的同质性，因此，只有长期在本国生活的公民才被认为是公民社会的“成员”,[④] 而大量外国人的涌入给本民族公民造成了不安。右翼民粹主义政党捍卫上述关于公民身份的排他性定义，将移民视为“入侵者”。由于民族国家是公民身份和权利的载体,[⑤] 因此社会福利的享受作为一种权利，需要民族国家实现。在这之中，民族国家需要对何种身份的公民提供社会福利是问题的关键。因此，当狭义的民族国家意味着居住在其中的公民具有相似的历史文化背景时，对于外来移民而言，其是否可以被认为享有民族国家的公民身份，进而是否可以享受福利，是相关民众和右翼民粹主义政党关注的焦点。

此外，也有学者认为，社会文化和经济因素不能孤立来看，二者共同推动了福利沙文主义政策的发展。综合威胁理论（integrated threat theory）包含了对民

---

① AfD, “Deutschland Aber normal: Programm der Alternative für Deutschland für die Wahl zum 20. Deutschen Bundestag,” https://www.afd.de/wp-content/uploads/2021/06/20210611_AfD_Programm_2021.pdf.

② Pippa Norris and Ronald Inglehart, *Cultural Backlash: Trump, Brexit, and Authoritarian Populism*, New York: Cambridge University Press, 2018; Ronald Inglehart and Pippa Norris, “Trump and the Populist Authoritarian Parties: The Silent Revolution in Reverse,” *Perspectives on Politics*, vol. 15, 2017, pp. 443 –454.

③ Romana Careja and Eloisa Harris, “Thirty Years of Welfare Chauvinism Research: Findings and Challenges,” *Thematic Review*, vol. 32, no. 2, 2022, pp. 212 –224.

④ Hans-Georg Betz, “Exclusionary Populism in Western Europe in the 1990s and Beyond: A Threat to Democracy and Civil Rights?” Program Paper no. 9, New York: United Nations Research Institute for Social Development, 2004.

⑤ 朱浩：《欧洲移民潮中的公民身份和福利政治》,《欧洲研究》2017 年第 2 期，第 53—68 页。

众享有社会福利权利的所有威胁因素。[①] 该理论认为，威胁不仅存在于现实的稀缺性商品冲突，还与身份认同和社会地位下降息息相关。[②] 外来群体不仅被视为对本民族民众经济利益的挑战，还对其文化认同和政治权力构成挑战。[③] 因此，综合威胁理论认为，经济威胁是由物质资源，如高薪工作、负担得起的住房和福利提供的竞争造成的，且植根于外来者对这些稀缺资源造成威胁的固有印象；象征性或文化威胁则源于群体间对既定社会秩序、文化传统和共同规范、价值观和信仰的冲突。因此，当群体内成员意识到他们的生活方式、价值观受到外来群体的挑战时，就会感受到象征性威胁。[④] 不同的他族可以被视为经济威胁、文化威胁或两者的结合，即“综合威胁”。[⑤] 对移民对东道国经济的不利影响的担忧成为本民族民众对移民主观偏见的合法性外衣。[⑥]

值得注意的是，无论是选民感知的经济威胁，还是社会文化威胁，都不一定是客观存在的不利因素。[⑦] 民众对经济形势、个人社会地位的“误判”可能带来对移民和移民的福利政策的排斥。而右翼民粹主义政党利用这一“误判”，放大民众对全球化和移民的恐惧，[⑧] 造成民众对现实的扭曲看法和危机感。[⑨] 民粹主

---

① Walter S. Stephan and Cookie W. Stephan, “An Integrated Threat Theory of Prejudice,” in Stuart Oskamp, ed., *Reducing Prejudice and Discrimination*, New York: Lawrence Erlbaum, 2000, pp. 23–46; Walter S. Stephan et al., “The Role of Threats in the Racial Attitudes of Blacks and Whites,” *Personality and Social Psychology Bulletin*, vol. 28, no. 9, 2002, pp. 1242–1254.

② Bart Meuleman et al., “Economic Conditions, Group Relative Deprivation and Ethnic Threat Perceptions: A Cross-national Perspective,” *Journal of Ethnic and Migration Studies*, vol. 46, no. 3, 2020, pp. 593–611.

③ Blake M. Riek et al., “Intergroup Threat and Outgroup Attitudes: A Meta-Analytic Review,” *Personality and Social Psychology Review*, vol. 10, no. 4, 2006, pp. 336–353.

④ Walter G. Stephan et al., “Prejudice Toward Immigrants to Spain and Israel: An Integrated Threat Theory Analysis,” *Journal of Cross-Cultural Psychology*, vol. 29, no. 4, 1998, pp. 559–576.

⑤ Mikael Hjerm and Kikuko Nagayoshi, “The Composition of the Minority Population as a Threat: Can Real Economic and Cultural Threats Explain Xenophobia?” *International Sociology*, vol. 26, no. 6, 2011, pp. 815–843; Bart Meuleman et al., “Differentiated Threat and the Genesis of Prejudice. Group-Specific Antecedents of Homonegativity, Islamophobia, Anti-Semitism and Anti-Immigrant Attitudes,” *Social Problems*, vol. 66, no. 2, 2018, pp. 222–244.

⑥ Samir M. Negash, “Individual and Contextual Sources of (Mis) Perceptions About the Impact of Immigration on the Welfare State,” *Journal of Social Policy*, 2022, https://doi.org/10.1017/S0047279422000447.

⑦ David A. Bell, “Perceptions and Realities: Explaining Welfare Chauvinism in Europe,” *Journal of European Social Policy*, vol. 33, no. 3, 2023, pp. 301–316.

⑧ Martin Brusis, “Democracies Adrift: How the European Crises Affect East-Central Europe,” *Problems of Post-Communism*, vol. 63, no. 5–6, 2016, pp. 263–276.

⑨ Manuela Caiani and Paolo Graziano, “Understanding Varieties of Populism in Times of Crises,” *West European Politics*, vol. 42, no. 6, 2019, pp. 1141–1158.

义与危机意识彼此塑造,[①] 民众所认知的经济社会文化危机不仅触发了民粹主义，而民粹主义也在催化危机。[②] 如上文所述，对于移民“搭福利便车”的指摘忽视了移民对东道国财政的积极贡献和其福利领取资格上的“次公民”待遇。[③] 正如经济合作与发展组织（OECD）的统计显示，成员国中移民在税收和缴费方面的比例超过了政府为其提供的社会保护、医疗和教育支出;[④] 从移民个人角度而言，其最多可以享受与东道国民众相同的福利水平，且通常情况下其实际获得的福利更低。[⑤] 以英国为例，新世纪以来，来自欧盟的移民为英国带来积极的财政贡献。移民缓解了英国劳动力市场的结构性短缺困境，其年轻化、受教育程度较高、工资水平较低等特质为英国创造了更多财政收益。与之相对比的是，由于英国对移民设置较苛刻的福利申请条件,[⑥] 加之信息不对称或语言障碍，许多欧盟移民在申请社会福利时存在众多困难。因此，1995 - 2011 年间，欧盟移民对英国财政系统的贡献比他们获得的转移支付和福利收益高出 4%，而英国本土居民的贡献比收益低 7%。[⑦] 德国的研究也显示，移民进入德国将会弥补本国劳动力不足的困境、降低工资成本并促进经济增长。[⑧]

总结而言，右翼民粹主义政党的选票寻求策略之所以有效，是因为该类型政党回应了选民对于经济和社会文化的关切。与之相对比的是，主流政党或不愿回应、或无法回应相关诉求，给底层民众造成了被抛弃的感觉，其纷纷“投靠”

---

① 孙涵:《欧美国家移民问题政治化：背景、争议问题及政治竞争逻辑》,《当代世界与社会主义》2023 年第 1 期，第 131—141 页。

② Benjamin Moffitt, “How to Perform Crisis, Government and Opposition,” *Government and Opposition*, vol. 50, no. 2, 2015, pp. 189 - 217.

③ 王滢淇、刘涛:《超国家主义退潮下的新英欧互动——后脱欧时代英国—欧盟移民社会保障合作问题研究》,《华中师范大学学报》(人文社会科学版）2020 年第 5 期，第 35—49 页。

④ OECD, *International Migration Outlook*, Paris: OECD Publishing, 2021, p. 112.

⑤ Peter Huber and Doris A. Oberdabernig, “Decomposing Welfare Wedges: An Analysis of Welfare Dependence of Immigrants and Natives in Europe,” *Kyklos*, vol. 69, no. 1, 2016, pp. 82 - 107.

⑥ 英国政府规定，只有作为劳动者、自雇人士、学生身份的欧盟移民才有资格申请居住权，非经济活跃人士要申请居住权则必须证明自己能够供养其家庭；只有常住居民才能申请相关福利；申请失业津贴、儿童津贴的欧盟移民须满足 3 个月的等待期；求职者被禁止通过居住测试等。参见王滢淇、刘涛:《超国家主义退潮下的新英欧互动——后脱欧时代英国—欧盟移民社会保障合作问题研究》,《华中师范大学学报》(人文社会科学版）2020 年第 5 期，第 35—49 页。

⑦ Christian Dustmann and Tommaso Frattini, “The Fiscal Effects of Immigration to the UK,” *The Economic Journal*, vol. 124, no. 580, 2014, pp. 593 - 643.

⑧ Enzo Weber and Roland Weigand, “Identifying Macroeconomic Effects of Refugee Migration to Germany,” *IAB-Discussion Paper*, no. 20, 2016, p. 10.

了右翼民粹主义政党。从这方面来看，右翼民粹主义政党的政策立场，无论在政治上是否可行，都不应被视为仅仅是空洞的民粹主义诱惑，而是为被抛弃的社会中下层民众提供宣泄的出口。右翼民粹主义政党通过福利沙文主义政策，缓和了西欧政治中的“回应性危机”。

### （二）以身份认同为前提寻求执政或组阁

作为在政治谱系中均居于右侧的政党，右翼民粹主义政党与主流右翼政党都强调保守主义立场。右翼民粹主义政党要想在联合政府中谋得席位，只能尝试与主流右翼政党组阁。然而，两者间面临着政策冲突。主流右翼政党将经济表现作为执政优先目标，在竞选时往往强调经济政策，并注重财政责任，因而更提倡社会福利的适度支出，这与右翼民粹主义政党的为“应得者”扩大福利给付的目标相悖。[①] 因此，为了上台执政或与主流政党联合组阁，右翼民粹主义政党如何将其福利沙文主义政策“渗透”进主流右翼政党的政策中？

诚然，许多学者指出，与右翼民粹主义政党组成联合政府并不是主流右翼政党的第一选择。然而，这一判断也有所松动。右翼民粹主义政党在西欧诸多国家取得了成功，在几个国家成为了联合政府中的一员，或者是反对党的中坚力量。[②] 例如，2022 年 9 月的意大利议会选举中，右翼民粹主义政党意大利兄弟党、联盟党和中右翼的意大利力量党（Forza Italia）组成新联合政府。意大利兄弟党甚至成为议会第一大党，党首梅洛尼任总理。[③] 同月的瑞典议会选举中，瑞典民主党成为第二大党。虽然其没有成为新政府中的一员，但新执政联盟已经与民主党签署了合作协议，承诺将与后者紧密合作。[④] 法国国民联盟虽然在 2022

① Juliana Chueri, “An Emerging Populist Welfare Paradigm? How Populist Radical Right-wing Parties are Reshaping the Welfare State,” *Scandinavian Political Studies*, vol. 45, no. 4, 2022, pp. 383 – 409.

② Michael Minkenberg, “The Radical Right in Public Office: Agenda-setting and Policy Effects,” *West European Politics*, vol. 24, no. 4, 2001, pp. 1 – 21; Reinhard Heinisch, “Success in Opposition-Failure in Government: Explaining the Performance of Right-wing Populist Parties in Public Office,” *West European Politics*, vol. 26, no. 3, 2010, pp. 91 – 130; Alexandre Afonso, “Choosing Whom to Betray: Populist Right-wing Parties, Welfare State Reforms and Trade-off Between Office and Votes,” *European Political Science Review*, vol. 7, no. 2, 2015, pp. 271 – 292.

③ 孙彦红：《意大利右翼胜选为欧洲一体化蒙上阴影》，《当代世界》2022 年第 10 期，第 72—73 页。

④ 闫瑾：《2022 欧洲政治年度报告》，载姜锋主编《欧洲趋势 2022》，上海外国语大学、上海全球治理与区域国别研究院，2023 年版；贾瑞霞：《瑞典大选：中右翼阵营以微弱优势胜出》，《世界知识》2022 年第 20 期，第 50—51 页。

年的总统大选中未能获胜，但成为议会的最大反对党。此外，与其他政党一样，右翼民粹主义政党内部也存在激进派和温和派的分化，[①] 后者试图软化其极端排外主义政策，因而其更加温和的政治主张对于吸引主流政党的组阁方面具有一定的优势。而基于反精英的意识形态，右翼民粹主义政党与主流右翼政党相似，对工会持保留态度。[②] 因此，瓦解法团主义并削弱精英的政策更容易获得主流右翼政党的支持，并侵蚀左翼政党等竞争对手的权力基础。[③]

就社会福利议题而言，右翼民粹主义政党倾向于在再分配和放松管制政策方面与主流右翼政党进行博弈。由于两个政党分别以上述两个政策为其核心议题，因此，谋求联合政府职位的右翼民粹主义政党面临着权衡：支持主流右翼政党的放松管制和福利紧缩政策会失去其劳工阶层选民，而捍卫劳工阶层选民的利益将会危及与主流右翼政党的联盟政策。为了赢得选民支持并同主流右翼政党保持合作，右翼民粹主义政党会捍卫再分配现状，而在放松管制领域进行让步。[④] 在此情况下，同选民以身份认同为基础的社会文化诉求相似，身份认同亦成为右翼民粹主义政党的主要抓手。以身份认同为前提，右翼民粹主义政党保护“应得”的福利接受者的社会福利政策迎合了劳工的需求；对于被视为“不应得”的福利接受者则进行福利紧缩，迎合了主流右翼政党的主张并重申了其反移民政策。具体而言，其福利沙文主义政策分为两类：直接福利沙文主义和间接福利沙文主义。直接福利沙文主义是在立法改革时明确将移民等认定为不应享受福利的个人，从而排除在社会保护之外或降低社会保护水平，如在社会救助领域排除对移民的帮扶；间接福利沙文主义则是泛化政策所针对的对象，即政策既适用于本民族公民也适用于移民，但将对移民在福利削减或条件满足方面产生更大的影响。例如，在劳动力市场领域，满足最低工作时间的个人才可以领取相应福利。由于

① 林德山：《国际极端右翼思潮新动态》，《人民论坛》2020 年 12 月，第 32—35 页。

② Reinhard Heinisch, “Success in Opposition-Failure in Government: Explaining the Performance of Right-Wing Populist Parties in Public Office,” *West European Politics*, vol. 26, no. 3, 2003, pp. 91 – 130; Cas Mudde, *Populist Radical Right Parties in Europe*, Cambridge: Cambridge University Press, 2007.

③ Leonce Röth et al., “The Impact of Populist Radical Right Parties on Socio-economic Policies,” *European Political Science Review*, vol. 10, no. 3, 2017, pp. 325 – 350.

④ Leonce Röth et al., “The Impact of Populist Radical Right Parties on Socio-economic Policies,” *European Political Science Review*, vol. 10, no. 3, 2017, pp. 325 – 350.

移民更难找到合适的工作，因而其无法获得足额的福利。① 在家庭政策领域，由包括丹麦人民党在内的联合政府在欧债危机期间提出了紧缩的家庭政策，将家庭福利额度缩减5%，并降低最高享受额度。其中，只有拥有两个孩子的家庭可以享受足额家庭福利，第三个孩子仅可获得75%的福利，多于三个孩子则无法获得相应福利。这种紧缩型的家庭政策会牵涉所有家庭，但对于移民家庭的损失更大，因为其往往比本民族家庭拥有更多的孩子。值得注意的是，在上述政策的基础上，丹麦人民党还对移民设定了额外规则，规定新移民家庭无法享受家庭福利。只有在本国居住时间达到六个月的移民，才可以获得25%的家庭福利，并随着居住时间的延长而逐步增长，直至居住两年可获得足额福利。② 可以说，直接福利沙文主义和间接福利沙文主义都在丹麦人民党的家庭政策中得到了充分体现。此外，即使是以普遍性福利政策著称的北欧模式，由于移民人数的攀升，右翼民粹主义政党也逐渐将注意力转移到对移民政策的批评中。在瑞典、挪威和芬兰三个国家中，虽然完全排斥移民的福利沙文主义政策在国内并不明显，但上述三国规定，移民需要获得公民身份才能享受平等的福利保障。③ 总体而言，来自非欧洲的移民，尤其是穆斯林移民，由于与欧洲文化差异较大而受到更多排斥。④

因此，西欧右翼民粹主义政党试图将其在选举和议会中的优势转化为对福利沙文主义政策的强调，即诉诸将移民排除在社会福利以外的方式，既迎合了本民族公民的诉求，也完成了有针对性的福利紧缩。通过对本民族民众进行福利再分配，而将移民排除在社会福利之外，西欧右翼民粹主义政党实现了社会福利的

① Romana Careja et al. , "Direct and Indirect Welfare Chauvinism as Party Strategies: An Analysis of the Danish People's Party," *Scandinavian Political Studies*, vol. 39, no. 4, 2016, pp. 435 – 457.

② Juliana Chueri, "An Emerging Populist Welfare Paradigm? How Populist Radical Right - wing Parties are Reshaping the Welfare State," *Scandinavian Political Studies*, vol. 45, no. 4, 2022, pp. 383 – 409.

③ David A. Bell et al. , "Nordic Welfare Chauvinism: A Comparative Study of Welfare Chauvinism in Sweden, Norway and Finland," *International Social Work*, 2022, https://doi.org/10.1177/00208728221094419.

④ Marie Demker and Pontus Odmalm, "From Governmental Success to Governmental Breakdown: How a New Dimension of Conflict Tore Apart the Politics of Migration of the Swedish Centre-right," *Journal of Ethnic and Migration Studies*, vol. 48, no. 2, 2022, pp. 425 – 440; Anders Widfeldt, *The Growth of the Radical Right in Nordic Countries: Observations From the Past 20 Years*, Stockholm: Transatlantic Council on Migration, 2018; Tuomas Ylä-Anttila and Tuukka Ylä-Anttila, "Exploiting the Discursive Opportunity of the Euro Crisis: The Rise of the Finns Party," in Hanspeter Kriesi and Takis S. Pappas, eds. , *European Populism in the Shadow of the Great Recession*, ECPR Press, 2015.

“沙文主义”。通过这种身份认同，右翼民粹主义政党满足了主流右翼政党的议题诉求，从而保留了其在政府谋求职位的可能性。

## 三 福利沙文主义背景下主流政党的政策调整

右翼民粹主义政党重构了欧洲政党格局，对主流政党造成了侵蚀。对于主流政党而言，选票分流会带来政策调整，从而促进或淡化民粹主义政党提出的特定议题。[①] 在反移民、反全球化领域，为迎合选民需要，无论是主流左翼政党还是主流右翼政党都表现出普遍的“右转”倾向。作为纷纷向新自由主义政策趋同的主流政党而言，通过把福利紧缩引发的民众愤怒转嫁给“他者”，营造出的话术是对党派利益的最佳保护。主流政党在一定程度上吸纳了右翼民粹主义政党的政治诉求，开始强调本土主义和民粹主义，关注移民、多元文化主义、民族认同等议题。[②] 通过这种方式，主流政党向选民发出信号，即其也关注并致力于在相同议题上发声。这种“适应性战略”（accommodative strategy）让主流政党通过承认该议题的合法性和重要性，并选择与右翼民粹主义政党相近的政策定位，试图削弱后者的立场独立性,[③] 以赢得部分选民。通过在限制移民方面的适度让步，主流右翼政党在与右翼民粹主义政党博弈的过程中试图换取在经济社会领域更多的回旋余地。需要指出的是，虽然右翼民粹主义政党将选民的反移民情绪政治化，并在某种程度上推动主流政党认同其立场，但总体而言后者的反移民情绪更加温和。[④] 然而，这并不意味着右翼民粹主义政党的出现带来了反移民情

---

① Zeynep Somer-Topcu, “Timely Decisions: The Effects of Past National Elections on Party Policy Change,” *Journal of Politics*, vol. 71, no. 1, 2009, pp. 238 – 248; Tarik Abou-Chadi, “Niche Party Success and Mainstream Party Policy Shifts-How Green and Radical Right Parties Differ in Their Impact,” *British Journal of Political Science*, vol. 46, no. 2, 2016, pp. 417 – 436; Bonnie M. Meguid, “Competition Between Unequals: The Role of Mainstream Party Strategy in Niche Party Success,” *The American Political Science Review*, vol. 99, no. 3, 2005, pp. 347 – 359.

② Jean-Yves Camus, “The Extreme Right in France: Redrawing the Map to be Expected,” in Nora Langebacher and Britta Schellenberg, eds., *Is Europe on the ‘Right’ Path? Right-wing Extremism and Right-wing Populism in Europe*, Berlin: Friedrich Ebert Stiftung, 2011, p. 83; Martin Schain, “The Extreme-right and Immigration Policy-making: Measuring Direct and Indirect Effects,” *West European Politics*, vol. 29, no. 2, 2006, pp. 270 – 289.

③ 王聪聪:《西方政党政治中的议题所有权理论：研究进路与理论反思》,《欧洲研究》2020 年第 5 期，第 55—71 页。

④ Cas Mudde, “Three Decades of Populist Radical Right Parties in Western Europe: So What?” *European Journal of Political Research*, vol. 52, no. 1, 2013, pp. 1 – 19.

绪。实际上，主流右翼政党的反移民立场是先于与右翼民粹主义政党联合组阁而存在的。[①] 对于右翼民粹主义政党较为弱势的国家而言，主流右翼政党也有可能实施严格的移民政策，因为这些政党将其视为一个在未来会有影响力的议题。[②]

在社会福利领域，其鲜明的政策分野决定了选民的选择并架构了政党的选举策略。因此，主流左翼政党与主流右翼政党的竞选策略存在差异。由于左翼政党与右翼民粹主义政党存在更为直接的竞争关系，因此与对待移民的态度相反，左翼政党作为执政党的国家，其社会福利立场并不会右转，反而会采取更加具有左翼色彩的政策，以应对右翼民粹主义政党的选票分流，即通过“对抗性战略”（adversarial strategy）增加与右翼民粹主义政党的政策距离。[③] 由于右翼民粹主义政党的社会福利政策话术实际上源于左翼政党的政策主张，因此左翼政党将普遍性的福利国家政策视为其主要立场。简言之，由于左翼政党拥有社会福利和社会正义议题，因此右翼民粹主义政党对社会经济弱势群体的吸引力对左翼政党产生了更直接的威胁，后者有更强动力在社会福利方面采取更加鲜明的立场，以挑战右翼民粹主义政党的议题主张。[④] 此外，主流左翼政党还会通过关注社会投资政策来扩展新社会风险下的社会政策，从而吸引中产阶层。

与右翼民粹主义政党相比，主流右翼政党由于更强调经济自由主义，因此其并不排斥作为劳动力的欧盟内移民的福利享受，只对非欧盟移民的福利持更加严格的态度。[⑤] 面对右翼民粹主义政党的福利沙文主义主张，主流右翼政党普遍反对多元文化主义并适当保留社会福利政策。[⑥] 另有学者指出，与没有右翼民粹主

① Sarah L. de Lange, “New Alliances: Why Mainstream Parties Govern with Radical Right-wing Populist Parties?” *Political Studies*, vol. 60, no. 4, 2012, pp. 899 – 918.

② Cas Mudde, *Populist Radical Right Parties in Europe*, Cambridge: Cambridge University Press, 2007; Tim Bale, “Politics Matters: A Conclusion,” *Journal of European Public Policy*, vol. 15, no. 3, 2008, pp. 453 – 464.

③ Bonnie M. Meguid, “Competition Between Unequals: The Role of Mainstream Party Strategy in Niche Party Success,” *The American Political Science Review*, vol. 99, no. 3, 2005, pp. 347 – 359.

④ Werner Krause and Heiko Giebler, “Shifting Welfare Policy Positions: The Impact of Radical Right Populist Party Success Beyond Migration Politics,” *Representation*, vol. 56, no. 3, 2002, pp. 331 – 348.

⑤ Juliana Chueri, “What Distinguishes Radical Right Welfare Chauvinism? Excluding Different Migrant Groups From the Welfare State,” *Journal of European Social Policy*, vol. 33, no. 1, 2022, pp. 84 – 100.

⑥ Gijs Schumacher and Kees van Kersbergen, “Do Mainstream Parties Adapt to the Welfare Chauvinism of Populist Parties?” *Party Politics*, vol. 22, no. 3, 2016, pp. 300 – 312.

义政党参与的右翼政府相比，由右翼民粹主义政党参与组阁的政府更倾向于对自由市场和福利紧缩政策持保留态度，[①] 这表明主流右翼政党适当吸纳了右翼民粹主义政党的福利沙文主义政策，以吸引保守的劳工阶层。例如，2006年，作为首次参加议会二院选举的右翼民粹主义政党，荷兰自由党便获得了9个席位，成为当年的一匹黑马。为此，主流右翼政党自民党（VVD）吸收了自由党的政策，规定移民只有在荷兰工作十年后才可以获得相应的社会福利，并对移民的语言能力进行划定。[②] 2017—2019年的奥地利政府由中右翼政党奥地利人民党（ÖVP）和右翼民粹主义政党奥地利自由党联合组阁。政府规定，对于没有通过德语水平测试的难民只能领取563欧/月的社会救助金，与该国最低收入线的863欧/月相距甚远。除此之外，对于移民家庭，若只有一个孩子，则可以获得25%的额外救助金；若有两个或三个孩子，则只能分别获得15%和5%的额外救助金。[③] 由此可见，中右翼政党在与右翼民粹主义政党联合组阁的过程中，也适当吸收了后者的政治诉求，对于“他者”采取更严格的排外政策。需要说明的是，在主流右翼政党内部，自由党、保守党和基督教民主党的政策调整存在差异。在限制移民的福利权利方面，除右翼民粹主义政党强调福利沙文主义外，自由党和保守党总体而言反对移民的福利扩张，但在程度上比右翼民粹主义政党略显温和。相较而言，自由党对移民的态度更加开放，[④] 保守党则更趋向于民族主义。[⑤] 由于对福利国家制度持更为积极的立场，基督教民主党希望保留甚至扩大移民的权利。实际上，基督教民主党在福利国家黄金时期是福利国家有效扩张的重要推动力量，因而也更加支持保持一定水平的社会支出。对于基督教民主党的选民而言，削减移民的福利，尤其是阻止家庭团聚和难民庇护，被认为是对基督教价值观的

① Leonce Röth et al., “The Impact of Populist Radical Right Parties on Socio-economic Policies,” *European Political Science Review*, vol. 10, no. 3, 2017, pp. 325-350.

② Gijs Schumacher and Kees van Kersbergen, “Do Mainstream Parties Adapt to the Welfare Chauvinism of Populist Parties?” *Party Politics*, vol. 22, no. 3, 2016, pp. 300-312.

③ Juliana Chueri, “An Emerging Populist Welfare Paradigm? How Populist Radical Right - wing Parties are Reshaping the Welfare State,” *Scandinavian Political Studies*, vol. 45, no. 4, 2022, pp. 383-409.

④ Fraser Duncan and Steven van Hecke, “Immigration and the Transnational European Centre-right: A Common Programmatic Response?” *Journal of European Public Policy*, vol. 15, no. 3, 2008, pp. 432-452; Tim Bale, “Turning Round the Telescope. Centre-right Parties and Immigration and Integration policy in Europe,” *Journal of European Public Policy*, vol. 15, no. 3, 2008, pp. 315-330.

⑤ Tjitske Akkerman, “Comparing Radical Right Parties in Government: Immigration and Integration Policies in Nine Countries (1996-2010),” *West European Politics*, vol. 35, no. 3, 2012, pp. 511-529.

背叛。当然，这并不是说所有基督教民主党都主张保留移民福利，只是与自由党和保守党相比，基督教民主党对移民的态度更加温和。因此，若共同执政，自由党和保守党在移民的福利政策议题上更容易受右翼民粹主义政党的政策影响；而右翼民粹主义政党若想与基督教民主党达成共识则较为困难。此外，需要指出的是，即使右翼民粹主义政党不是执政党，其也可以间接影响主流右翼政党的政策制定，[①] 从而达到削减移民福利的目的，如上文所述的瑞典民主党与新政府间的合作就是如此。

## 四　结语：右翼民粹主义政党的困境与发展方向

右翼民粹主义政党的兴起及其福利沙文主义政策得到广泛认同有其现实因素。一方面，主流政党基于新自由主义理念而形成政策趋同，体现出现代民主制度的多元利益表达机制的缺失。具体而言，对于“全球化的失败者”的诉求，主流左翼政党通过灵活的劳动力市场、福利紧缩等政策拥抱中间选民，从而牺牲低技能劳工的利益，而主流右翼政党的政策倾向更符合中产阶层的利益，产业工人陷入了没有政治代言人的困境。[②] 在这种情况下，民粹主义政党填补了政治光谱中的空白，成为维护产业工人利益的政党，[③] 右翼民粹主义政党的福利沙文主义政策得到了众多中下层民众的支持。另一方面，由于民粹主义政党的核心特征是指责主流政党忽视底层民众，因此对于那些对建制派不满的民众而言，其更加倾向于通过“抗议式投票”（protest voting）表达愤懑。[④] 选民通过支持右翼民粹主义政党表达了他们对当前政治制度的幻灭。[⑤] 这一过程可能会因为大规模失

---

① Friederike Römer et al., “Policymaking on Immigrant Welfare Rights: The Populist and the Mainstream Right,” *Journal of European Public Policy*, vol. 30, no. 8, 2022, pp. 1537 – 1564.

② 林德山：《左与右的共奏——欧洲民粹主义政党的现状、影响及未来》，《探索与争鸣》2016 年第 12 期，第 9—16 页。

③ 田野：《全球化、要素禀赋和政党重组——对欧洲民粹主义浪潮的一项解释》，《教学与研究》2018 年第 10 期，第 43—54 页。

④ Marcel Lubbers and Peer Scheepers, “French Front National Voting: A Micro and Macro Perspective,” *Ethnic and Racial Studies*, vol. 25, no. 1, 2002, p. 126.

⑤ Paul Taggart, “New Populist Parties in Western Europe,” *West European Politics*, vol. 18, no. 1, 1995, pp. 34 – 51.

业、收入增长停滞而异化，使得劳工阶层对传统建制派的反抗意愿更为强烈，① 从而更加强调对多元文化主义和普遍的福利给付政策的排斥态度。鉴于此，福利沙文主义不仅是社会福利是否慷慨的问题，还涉及福利给付的底层逻辑。② 如果说左翼政党推动了福利制度的普遍化，扩展了公民和市民权利，那么右翼民粹主义政党则通过身份认同，致力于将本民族民众与外来者进行区分，从而维护福利国家的边界。因此，社会福利政策会持续成为主流政党和右翼民粹主义政党争夺选民的核心议题。

虽然右翼民粹主义政党在反移民和福利沙文主义主张方面影响了主流政党的相应政策，但若想获得广泛认同，其仍然面临一些困境。第一，在西方民主国家中，“反歧视法”占据非常重要的位置，其反对基于民族和国籍的歧视性政策。③ 这为有意将移民等特定群体排除在社会福利制度之外的政策立法带来了障碍。鉴于此，相比控制移民流入，通过制定政策将移民直接排除在福利制度之外的做法并没有得到主流政党的普遍认同，因为这有可能被认为有使民粹主义话语合法化之嫌。第二，在政治制度方面，对于简单多数的选举制度而言，右翼民粹主义政党很难获得大规模的民众支持而进入政府。对于混合比例代表制而言，虽然右翼民粹主义政党可以与其他政党联合组阁，然而，由于右翼民粹主义政党为了获得席位必须与主流政党进行协商博弈，而主流政党的议题偏好往往与右翼民粹主义政党的政策主张相悖。④ 与右翼民粹主义政党的选民多为中低收入阶层这一事实相比，主流政党的选民在社会经济中地位相对较高，因而其普遍没有表现出对移民的明显排斥。鉴于此，主流政党，尤其是主流右翼政党所谓的“反移民”“排外”倾向并没有如右翼民粹主义政党那样极端，这会导致在社会福利政策方面

① Hans-Georg Betz, “The New Politics of Resentment: Radical Right-Wing Populist Parties in Western Europe,” *Comparative Politics*, vol. 25, 1993, pp. 413 – 427.

② Matthias Enggist and Michael Pinggera, “Radical Right Parties and Their Welfare State Stances-Not So Blurry After All?” *West European Studies*, vol. 45, no. 1, 2021, pp. 102 – 128; Menno Fenger, “The Social Policy Agendas of Populist Radical Right Parties in Comparative Perspective,” *Journal of International and Comparative Social Policy*, vol. 34, no. 3, 2018, pp. 188 – 209; Simon Otjes, “What is Left of the Radical Right? The Economic Agenda of the Dutch Freedom Party 2006 – 2017,” *Politics of Low Countries*, vol. 1, no. 2, 2019, pp. 81 – 102.

③ Patrick Emmenegger and Romana Careja, “From Dilemma to Dualization: Social and Migration Policies in the Reluctant Countries of Immigration,” in Patrick Emmenegger et al., eds., *The Age of Dualization: The Changing Face of Inequality in Deindustrializing Societies*, Oxford: Oxford University Press, 2012, pp. 124 – 149.

④ Romana Careja et al., “Direct and Indirect Welfare Chauvinism as Party Strategies: An Analysis of the Danish People's Party,” *Scandinavian Political Studies*, vol. 39, no. 4, 2016, pp. 435 – 457.

存在党派间不可调和的可能性。第三，从议题所有方面而言，金融危机后右翼民粹主义政党的再次兴起只是对现存议题进行重新宣传包装，并没有创造新的议题。因此，右翼民粹主义政党的福利沙文主义政策的可操作空间已经较窄，[①] 对选民的长期吸引力有限。第四，如前所述，民粹主义政党内部往往存在温和派与激进派的分化，一旦进入政府，民粹主义政党更有可能适当软化其政策，从而面临失去部分中低收入阶层选民支持的危机。鉴于此，虽然右翼民粹主义政党对欧洲政党政治格局带来了挑战，主流政党针对右翼民粹主义政党的福利沙文主义议题进行了回应和调整，但不能认为欧洲政治已经普遍转向反自由主义，“四大自由”依旧是欧洲一体化的基石。鉴于此，或许认为主流政党的政策调整是基于“防御性的”[②] 更加合适。

就民粹主义政党，尤其是右翼民粹主义政党的未来发展方向而言，主要有两个方面。一方面，乌克兰难民的大量涌入可能进一步推动右翼民粹主义政党的发展。虽然目前为止，西欧国家选择“政治正确”，对乌克兰民众报以同情，纷纷主动接收乌克兰难民，政府也出台一系列政策支持难民迁徙。然而，难民的大量涌入对本国民众的日常生活造成了影响。例如，2022 年约 110 万乌克兰人流入德国，其中净流入人数达 96.2 万，这一数字已经超过 2014 - 2016 年从叙利亚、阿富汗和伊拉克前往德国的难民总数。这使得乌克兰人成为仅次于土耳其人的德国第二大移民群体。[③] 如此多的难民带来公共设施被大量挤占、财政支出持续高企、地区政府互相龃龉等弊端。随着众多难民涌入北威州、巴伐利亚州等富庶地区，以及柏林、汉堡等大城市，民众对难民的态度也逐渐趋于冷静客观。目前来看，这些难民返回母国的愿望正逐渐降低，意味着这可能带来长期财政支出、移民融合、家庭团聚等一系列问题。诚然，与来自中东地区的难民不同，乌克兰难民的受教育水平和技术水平相对较高；由于历史文化传统的相似性，与中东地区的难民相比，乌克兰难民被西欧国家民众视为“兄弟”民族。然而，也有研究显示，中东欧的劳工移民也遭到了部分

① Cas Mudde, “Three Decades of Populist Radical Right Parties in Western Europe: So What?” *European Journal of Political Research*, vol. 52, no. 1, 2013, pp. 1 - 19.

② 马格达莱纳·莱辛斯卡：《移民与多元文化主义：欧洲的抵制》，宋阳旨译，《国外理论动态》2016 年第 1 期，第 84—92 页。

③ Destatis, “1, 1 Millionen Zuzüge von Menschen aus der Ukraine im Jahr 2022,” https://www.destatis.de/DE/Presse/Pressemitteilungen/2023/02/PD23_N010_12411.html.

西欧民众的反感。[①] 那么，那些未曾因 2015 年难民危机而影响就业的中产阶级劳动力，却因乌克兰难民的涌入造成职位竞争，该部分民众是否会将难民视为其生活水平下降的“替罪羊”？进一步讲，如果主流政党依旧未能回应受移民影响的本国劳动力的诉求，右翼民粹主义政党是否有可能借由此次危机继续吸引中下层民众，乃至中产阶级，从而在竞争性选举制度中继续保持优势？这些都是值得进一步思考的问题。

另一方面，技术进步可能使右翼民粹主义政党的议题选择进一步扩展。人工智能在给人类提供诸多方便的同时，由于其具有技术工人所不具备的大数据时代的必要技能，将会给普通劳动者带来更大的、根本性的冲击，传统的社会契约不复存在。根据推算，超级算法将使计算机胜任发达国家中 80% 的工作岗位，一旦计算机达到了与人类同等智力水平，人类劳动将会被大范围取代，“不劳社会”将来临，越来越多的人沦为“无用阶层”。[②] 如果福利国家依旧以“工作福利”为逻辑，不进行根本的政策调整，那么“无用阶层”将无法获得足够的生活保障并进一步危及政治稳定。诚然，大数据时代提高了劳动生产率，劳动力市场上对高技能劳动力的需求将更加旺盛，形成高技能人才的劳动力短缺风险。然而，权力和财富将集中在拥有强大算法的精英手中，带来“数字溢价”，而一般技能劳工则面临失业困境，成为社会不稳定的导火索，并冲击选举制度。从人口结构而言，一般技能劳工是社会中的中产阶级。随着技术进步，这些中产阶级将会面临阶层滑落，冲击福利国家的社会结构，并外溢到政治领域。而具有“变色龙”特征的民粹主义政党会根据政治环境不断调整政策倾向。例如，ChatGPT 的广泛应用，对众多领域，如编程、文学创

① Moa Mårtensson et al., “Shielding Free Movement? Reciprocity in Welfare Institutions and Opposition to EU Labour Immigration,” *Journal of European Public Policy*, vol. 30, no. 1, 2023, pp. 41 – 63; Martin Ruhs and Joakim Palme, “Institutional Contexts of Political Conflicts Around Free Movement in the European Union: A Theoretical Analysis,” *Journal of European Public Policy*, vol. 25, no. 10, 2018, pp. 1481 – 1500; Philipp Lutz, “Loved and Feared: Citizens' Ambivalence Towards Free Movement in the European Union,” *Journal of European Public Policy*, vol. 28, no. 2, 2020, pp. 268 – 288; Christine E. Meltzer et al., “Media Effects on Policy Preferences Toward Free Movement: Evidence From Five EU Member States,” *Journal of Ethnic and Migration Studies*, vol. 47, no. 15, 2021, pp. 3390 – 3408; Sofia Vasilopoulou and Liisa Talving, “Opportunity or Threat? Public Attitudes Towards EU Freedom of Movement,” *Journal of European Public Policy*, vol. 16, no. 1, 2018, pp. 23 – 42.

② 李晓辉：《如何面对“无用阶层”：人工智能与未来正义》，《华东政法大学学报》2019 年第 6 期，第 68—77 页。

作、金融保险等带来冲击。[1] 这些领域曾是后工业时代中产阶级聚集的工作，这些人拥有较为体面的工资收入。在先进技术大范围取代传统劳动力，对中产阶级的工作岗位也造成冲击的背景下，右翼民粹主义政党有可能持续调整其议题，以期将选民范围扩大到中产阶级，从而在选举竞争中分得一杯羹。

① Tyna Eloundou et al. , “GPTs are GPTs: An Early Look at the Labor Market Impact Potential of Large Language Models,” *arXiv. org*, 2023, https: //doi. org/10. 48550/arXiv. 2303. 10130.

# 利益集团对特朗普政府中东政策的影响*

赵　骁**

【内容提要】　特朗普政府的中东政策与奥巴马政府有明显反差，采取了“亲近以色列、联合沙特阿拉伯、遏制伊朗”的激进型政策。与官僚政治模式、总统个性以及决策圈“私人化”的分析视角相比，美国中东政策的调整更多受到国内利益集团的影响。利益集团通过游说、资助、影响人事任免和地方经济的方式参与美国政党政治，从而影响政府和国会推动特朗普采取对以色列“一边倒”和加强与海湾阿拉伯国家同盟的政策。与两届民主党政府相比，利益集团对特朗普政府的中东政策的影响有决策圈“私人化”、集团间人员流动频繁、对外政策受到对象国的形塑等特征，这主要是由特朗普的个性、共和党的传统影响力、特殊的国际环境等因素造成的。特朗普政府的中东政策主要受到右翼犹太团体、基督教福音派等无形道德利益集团与军工复合体、化石能源企业等有形产业利益集团的影响。美国中东政策的反复是其国内政党政治存在严重分歧的缩影，政党更替导致了不同利益集团对中东政策影响力的升降。特朗普连任失败也体现出利益集团影响力的局限性。

* 感谢《世界政治研究》匿名审稿专家的意见和建议，笔者文责自负。中国石油集团国家高端智库研究中心安雨康、陕西师范大学国家安全学院（政法与公共管理学院）讲师李坤泽对本文亦有帮助。

** 赵骁，外交学院亚洲研究所（国家安全学院）讲师。

【关键词】 利益集团；政党政治；特朗普外交政策；美国中东政策

特朗普执政后美国的中东政策发生了显著调整，表现为由奥巴马政府后期的稳健型转向了激进型。首先，特朗普试图延续奥巴马在中东地区的战略收缩和离岸制衡原则，并依靠地区盟国发挥作用而非美国直接的大规模军事干预。其次，特朗普与奥巴马中东政策的区别主要体现在其扭转了奥巴马时期美国与以色列和沙特阿拉伯的紧张关系，并放弃奥巴马对伊朗缓和的政策，采取可以被概括为亲近以色列、联合沙特阿拉伯、遏制伊朗的“亲以、联沙、遏伊”政策。对以色列近乎“一边倒”式的偏袒体现在巩固美以同盟；将驻以使馆迁往耶路撒冷；承认以色列对叙利亚戈兰高地和约旦河西岸犹太人定居点的主权；推动有利于以色列的巴以“世纪协议”等。对沙特的联合体现在巩固美沙同盟；特朗普上任后首访沙特，批准对沙特大规模军售和沙特对美国投资；支持沙特国王萨勒曼（Salman bin Abdulaziz Al Saud）和王储小萨勒曼（Muhammad bin Salman）家族的统治；支持沙特“2030 愿景”（Vision 2030）经济战略的实施；支持沙特在伊拉克、叙利亚、也门等地与伊朗进行代理人战争；等等。而特朗普政府将遏制伊朗作为中东战略的核心，体现在对伊朗的“极限施压”：退出《联合全面行动计划》（Joint Comprehensive Plan of Action，即“伊核协议”），恢复并加大对伊朗的制裁；推动以色列、沙特、阿拉伯联合酋长国等国共同构建“反伊联盟”遏制伊朗；意图同时阻止伊朗拥核、遏制其地区影响力并颠覆其政权；军事上也对伊朗进行围堵和打压，并且将伊朗革命卫队列为“恐怖组织”，并以无人机暗杀圣城旅指挥官卡西姆·苏莱曼尼（Qasem Soleimani），险些酿成全面战争。

特朗普政府的中东政策格外关注以色列、沙特和伊朗这三个国家，并尝试以激进的手段追逐短期利益，以遏制伊朗为主要目标，试图通过政权更迭等方式一劳永逸地解决所有问题。[①] 美国中东政策对交易性和临时性工作的重视程度也在不断提高。[②] 特朗普政府的激进型中东政策使美国继续深度参与中东事务，有悖于在中东地区战略收缩的长期宏观战略目标，与奥巴马政府的关注重点和手段也

① 韩召颖、岳峰：《特朗普政府的中东政策探析》，《当代美国评论》2018 年第 2 期，第 79 页；王锦：《特朗普的中东政策及其前景》，《现代国际关系》2018 年第 8 期，第 39 页。

② 牛新春：《美国中东战略：转型期的迷惑》，《当代世界》2020 年第 3 期，第 12 页。

有明显的区别，导致美国中东战略的实施既不连贯也不一致，显得反复无常。美国多数的对外政策调整都属于力度的微型变化而非目标的变化，而与奥巴马政府相比，特朗普中东政策则属于目标的转变，对这种重大政策转型的分析具有重要的理论意义和现实意义。

## 一 文献综述

近年来，外交问题正在成为美国国内政治对立的催化剂，出现了国际政治问题国内化的趋势。① 而中东问题因为同时涉及反恐、宗教、少数族裔、移民、能源等多个话题，更具复杂性，美国国内政治也深受中东问题的影响。②

对外政策是国内政治的延续，也服务于国内政治的目标，是国内政治的工具。③ 与国际体系层面相比，国内政治因素对大国的对外政策更重要，因为国际体系的压力必须要通过输入国内行为体的互动中才能输出对外政策，政治过程决定利益分配的方式从而决定对外政策。从国内政治视角出发分析对外政策，强调国内政治过程和个人的作用。国家并不是现实主义假设的单一理性行为体，政策选择是国内行为体博弈的结果。

本文综合阐述了三种典型的国内政治理论来分析特朗普政府的中东政策，即官僚政治模式、总统个性与小集团思维、利益集团理论。然而，前两者并不能完全解释特朗普政府中东政策的特殊性，利益集团理论能够更有效地解释该问题。

### （一）官僚政治模式

官僚政治模式认为国家利益并非清晰和不变的，不同部门对国家利益的认知有所不同。戴维·布卢姆菲尔德（David Bloomfield）和查尔斯·林德布洛姆（Charles Lindblom）提出在美国的分散化决策过程中形成了个人和组织行为者之间的讨价还价。④ 格雷厄姆·艾利森（Graham Allison）和莫顿·霍尔帕林（Mor-

① Peter Trubowitz, *Politics and Strategy: Partisan Ambition and American Statecraft*, Princeton: Princeton University Press, 2011.

② 金良祥：《从平衡到整合：拜登政府兼顾亚太和中东的战略展望》，《西亚非洲》2021 年第 2 期，第 26 页。

③ 张清敏：《对外政策分析》，北京：北京大学出版社 2019 年版，第 136 页。

④ David E. Bloomfield and Charles E. Lindblom, *A Strategy of Decision*, New York: Free Press, 1963.

ton Halperin）提出的官僚政治模式指出政府内部个人之间的互动决定国际政治中的政府行为，政策的制定者并不是会进行理性计算的决策者，而是大型组织和政治行为者的集合体；决策的过程是集团博弈（group game），处于不同职务的个人和组织彼此相互竞争以影响决策。[①] 在美国政府中，各部门都希望保护并扩大自身的既得利益，例如，不受外界影响掌握更多任务、更大的自主性、更多的资源和人员、更多的财政来源等。[②] 因此政府最终的决策结果是在协调不同个人和组织利益的基础上做的非最佳选择。

官僚政治模式认为不同部门的领导人优先追求自己部门的利益，即“职位决定立场”。在奥巴马和特朗普政府中各部门确实都曾有分歧和对立的情况。在奥巴马政府的决策过程中，国务院、国防部与白宫国家安全委员会一直存在矛盾，导致相互牵制和制衡。特朗普轻视外交团队的建设和决策机制，重视下属的忠诚并喜欢让下属之间相互竞争。[③] 他还因为缺乏外交经验而过多地将决策过程交给对外政策团队，加剧了官僚政治斗争，加大了对外政策的不确定性，并利用这种不确定性作为政治工具。[④] 国务卿迈克尔·蓬佩奥（Michael Pompeo）与国家安全事务助理约翰·博尔顿（John Bolton）之间的冲突激烈，加之国家安全事务助理一职频繁更替，导致国务院和国安会只顾争夺外交事务的主导权而难以有效地协调合作。

官僚政治模式更适合分析政府内出现明显对立的情况，强调利益冲突和政策博弈，但是与特朗普政府各部门在其他议题中的激烈斗争不同，特朗普政府中东政策中各部门立场的一致性远大于差异性，降低了官僚政治模式对分析美国中东政策调整的适用性。聚焦于某个地区或领域的对外政策可能不是多个部门斗争的结果，而是由最高领导层在小范围的关键决策者中做出的决定，总统身边的小圈子可能左右总统的决策。

---

① Graham T. Allison and Morton H. Halperin, “Bureaucratic Politics: A Paradigm and Some Policy Implications,” in Raymond Tanter and Richard H. Ulman, eds., *Theory and Policy in International Relations*, Princeton: Princeton University Press, 1972, p. 42.

② Greg Cashman, *What Causes War? An Introduction to Theories of International Conflict*, Lanham: Maryland Lexington Books, 1993, p. 90.

③ 孙成昊：《特朗普执政后美国国家安全委员会的变化》，《现代国际关系》2019 年第 11 期，第 39 页；孙成昊：《谁在左右特朗普政府的对外决策流程》，《世界知识》2020 年第 16 期，第 43 页。

④ 约瑟夫·奈：《美国总统及其外交政策》，安刚译，北京：金城出版社 2022 年版，第 203 页。

### (二) 特朗普的特殊个性与决策圈"私人化"

美国总统是美国内政外交政策的最高和最后决策者。杰雷尔·罗萨蒂(Jerel Rosati)认为在官僚政治模式中虽然总统的影响力可能最强大,但是他只是参与者之一,最终结果可能是各方立场的折中和妥协。[①] 然而在实际中官僚部门只有其立场与最高领导人一致时才能有效发挥作用,领导人的个人意志产生重要乃至决定性的影响。在美国行政部门中,总统的个人风格、关注点和介入程度是决策结构的关键因素。[②]

特朗普中东政策的调整也受到了他个性特征的影响。[③] 特朗普善变的个性打破了美国外交固有的偏好和规范。[④] 他把个人政治利益凌驾于国家利益之上,国内政治凌驾于国际政治之上,要求团队成员必须服务于"美国优先"(America First),导致个人作用取代部门作用。

特朗普的特殊个性使其特别重视亲信的作用,要求其身边的小圈子成员必须与其立场一致,这十分容易产生"小集团思维"。"小集团思维"(groupthink)是指"当人们陷入一个内聚团体时,团体成员对一致的追求取代了进行客观评估的动机"。[⑤] 这意味着当决策团队与外界隔绝并缺乏公平的领导时最终可能会导致对外政策的失败。特朗普的性格会纵容决策团队顺从自己的意见,用自己的威望和权威影响其他成员赞同他的选择,压制成员个人的怀疑。小圈子虽然具有较强的排他性而导致很难接受不同观点,但是小集团思维并不一定会导致外交政策的失败。

在最近几届美国政府中,决策团队"小圈子化"是普遍现象,而非特朗普政府独有的。在小布什政府的中东政策中,副总统理查德·切尼(Richard Cheney)、国防部长唐纳德·拉姆斯菲尔德(Donald Rumsfeld)、副国务卿博尔顿

---

① Jerel A. Rosati, "Developing a Systematic Decision-Making Framework: Bureaucratic Politics in Perspective," *World Politics*, vol. 33, no. 2, January 1981, pp. 237 – 238.

② Jerel A. Rosati, "Developing a Systematic Decision-Making Framework: Bureaucratic Politics in Perspective," p. 246.

③ 孙德刚:《特朗普政府中东政策评析》,《美国问题研究》2017 年第 2 期,第 180 页。

④ 尹继武、郑建军、李宏洲:《特朗普的政治人格特质及其政策偏好分析》,《现代国际关系》2017 年第 2 期,第 15—22 页。

⑤ 欧文·L. 贾尼斯:《小集团思维:决策及其失败的心理学研究》,张清敏、孙天旭、王姝奇译,北京:中央编译出版社 2016 年版,第 11 页。

等新保守派及其支持者结成了小圈子，对伊拉克战争的决策起到了决定性影响。而后小布什更加依赖先后担任国家安全事务助理和国务卿的康多莉扎·赖斯（Condoleezza Rice）。而奥巴马和特朗普都因为政治根基较浅，更需要忠于自己的小圈子。

奥巴马的小圈子具有对内封闭性和对外冲突性。[①] 虽然奥巴马在决策过程中鼓励广泛的多方辩论与良好的人际互动，副总统拜登和两任国务卿希拉里·克林顿（Hillary Clinton）、约翰·克里（John Kerry）也都积极参与中东决策，但是奥巴马的小圈子成员［如白宫办公厅主任丹尼斯·麦克多诺（Denis McDonough）、国家安全事务助理托马斯·多尼隆（Thomas Donilon）、苏珊·赖斯（Susan Rice）、副助理本·罗兹（Ben Rhodes）、驻联合国代表萨曼莎·鲍尔（Samantha Power）等人］发挥了更大影响力，使权力更向奥巴马小圈子成员所在的白宫集中，国防部也遭疏远。[②] 奥巴马经常与麦克多诺、罗兹等人讨论外交政策后再通知其他内阁成员。[③] 在埃及政策上，奥巴马的小圈子就与希拉里对立。[④] 奥巴马小圈子成员大多年轻，因此相对务实、追求实效，但也多缺乏外交和军事经验，而奥巴马也过度依赖其小圈子成员的意见。[⑤] 最终导致在阿拉伯剧变的背景下，美国对介入叙利亚和利比亚内战、延续伊拉克和阿富汗战争、打击“伊斯兰国”组织等政策上反复多变且滞后。

特朗普也经常在小圈子内做出重要的中东政策。例如在筹划与塔利班及阿富汗政府在戴维营秘晤过程中，特朗普只与蓬佩奥、博尔顿等极少数幕僚进行商讨，导致对阿政策前功尽弃。在刺杀苏莱曼尼的决策过程中，只有彭斯、蓬佩奥、国安事务助理罗伯特·奥布莱恩（Robert O'Brien）、国防部部长马克·埃斯珀（Mark Esper）和参谋长联席会议主席马克·米利（Mark Milley）参与。国防部部长詹姆斯·马蒂斯（James Mattis）、国务卿雷克斯·蒂勒森（Rex Tillerson）

---

① 刁大明：《决策核心圈与奥巴马外交》，《现代国际关系》2015年第5期，第26页。

② Leon Panetta, *Worthy Fight: A Memoir of Leadership in War and Peace*, New York: Penguin, 2014, pp. 375 – 376.

③ James Mann, *The Obmians: The Struggle Inside the White House to Redefine American Power*, NY: Viking, 2012, p. 143.

④ Hillary Rodham Clinton, *Hard Choices: A Memoir*, NY: Simon and Schuster, 2014, p. 19.

⑤ 孙成昊、肖河：《白宫掌权者：美国国家安全委员会（1947—2019）》，北京：时事出版社2020年版，第230—234页。

和蓬佩奥也都有绕开官方渠道直接影响特朗普的途径。①

决策团队成员之间关系越好，团队精神越强，出现小集团思维的可能性就越大。但是有小圈子并不一定会产生“小集团思维”。特朗普虽然有决策小圈子，但其内聚性并不强，参与中东决策的成员也并非完全与小圈子成员吻合。蓬佩奥、国家安全事务助理赫伯特·麦克马斯特（Herbert McMaster）、博尔顿、白宫高级顾问斯蒂芬·班农（Steve Bannon）、贾里德·库什纳（Jared Kushner）等对美国中东政策有重大影响力的决策者都一度博得特朗普的信赖，但他们并不处于同一个强内聚性的小圈子当中，反而相互倾轧严重：库什纳联手麦克马斯特赶走了班农及其党羽，而蓬佩奥促使特朗普逼走博尔顿。决策团队成员之间充满矛盾就很难产生小集团思维。这反映了特朗普团队中军人、犹太裔精英、福音派势力和新保守派之间的差异。② 在小集团思维的视角下，很难准确回答谁在何时主导特朗普的哪些对外政策，因此具有很大的“不确定性”。③ 而无论特朗普政府内人事如何变动，其“亲以、联沙、遏伊”的中东政策大方针始终未变。

### （三）利益集团的深度影响

美国政治和政府是由相互作用和讨价还价的集团所组成的集合体，其政策结果也被看作是利益集团对决策过程施压的结果。利益集团是指“建立在共有态度基础上的集团，为了建立、维持或增强共有态度所含的行为行事，对社会中的其他集团或组织提出某些要求”。④ 利益集团只为自身利益而非公共利益服务，并针对特定议题只向公众提供对他们最有利的事实和解释。⑤ 因此利益集团的诉求往往是具有短期性且狭隘的，基本上只和与其利益相似的集团互动，但执政者

① 李枏：《美国国家安全委员会决策体制研究》，《美国研究》2018 年第 6 期，第 138 页。

② 刁大明：《特朗普政府对外政策的逻辑、成因与影响》，《现代国际关系》2019 年第 6 期，第 24—25 页。

③ 刁大明：《特朗普政府对外决策的确定性与不确定性》，《外交评论》（外交学院学报）2017 年第 2 期，第 66 页。

④ David B. Truman, *The Governmental Process: Political Interests and Public Opinion* (2nd edition), New York: Knopf, 1971, p. 33.

⑤ H. R. Mahood, *Interest Group in America National Politics: An Overview*, Upper Saddle River: Prentice-Hall, 2000, p. 146；杰弗里·M. 贝瑞、克莱德·威尔科克斯：《利益集团社会》（第 5 版），王明进译，北京：中国人民大学出版社 2012 年版，第 10 页。

又需要与各种利益集团结盟来使自身合法性最大化。[①] 利益集团影响政府的偏好，但是不直接介入决策过程，主要通过捐助竞选资金、动员选票和提供信息的方式影响行政和立法机构等政治行为体的政策偏好。[②]

美国的多元化社会和代议制的政治体制，使利益集团能够发挥较大影响。周琪认为美国外交政策缺乏连贯性和一致性的原因之一在于美国多元化和分散化的外交决策体制允许利益集团发挥较大的影响。[③] 特别是美国的政治体制相对开放、存在着正式和非正式的政治游说和人事制度、决策机制相对多元化和分散化、国内和国际事务之间的界线模糊，使得利益集团可以塑造政府的对外政策偏好。总统和国会议员为了政治利益而回应所代表的社会群体的诉求，因此特定的社会利益约束或者塑造政治人物的行为。[④]

利益集团有不同的偏好，追求的是有形或无形的特殊利益。而利益集团政治的分化导致本可以缓和的问题难以解决，严重干扰美国对外决策的一致性。本文将利益集团分为追求无形利益（intangible interests）和有形利益（tangible interests）的两类集团，前者主要关注通过保护特定对象而获得的道义利益，后者关注于维护本群体的物质利益，特别是商业利益。无形利益集团重视的族裔宗教政治已经和产业利益集团政治一样成为美国多元主义政治的重要组成部分。[⑤] 这两类利益集团本质上都是追求有别于公共利益的特殊利益。

美国中东政策受到国内利益集团及其代表人物的极大影响。[⑥] 在有能力影响美国中东政策的利益集团中，追求无形道德利益的利益集团主要有犹太裔和基督教福音派两种组织，其构成基于共同的族裔和宗教信仰，特朗普的中东政策很大程度上就是为了迎合这两大群体。[⑦] 两者都致力于通过影响美国外交决策和中东

---

① William P. Browne, "Organized Interests and Their Issue Niches: A Search for Pluralism in a Policy-Domain," *Journal of Politics*, vol. 52, no. 2, May 1990, pp. 477 – 509; Robert D. Putnam, "Diplomacy and Domestic Politics: The Logic of Two-Level Games," *International Organization*, vol. 42, no. 4, 1988, pp. 427 – 460.

② 海伦·米尔纳：《利益、制度与信息：国内政治与国际关系》，曲博译，上海：上海人民出版社 2021 年版，第 57 页。

③ 周琪主编：《美国外交决策过程》，北京：中国社会科学出版社 2011 年版，第 275 页。

④ David Mayhew, *Congress: The Electoral Connection*, New Haven: Yale University Press, 1974.

⑤ Nadav Safran, *The United States and Israel*, Cambridge: Harvard University Press, 1963, p. 276.

⑥ 张帆：《超越地区霸权？——试析奥巴马政府以来美国在中东的战略转型》，《美国研究》2021 年第 5 期，第 32 页。

⑦ 刘胜湘、陈飞羽：《拜登上台后美国的中东主导机制调整探析》，《西亚非洲》2022 年第 5 期，第 26 页。

政策来维护以色列的安全。迈克尔·林德（Michael Lind）、约翰·米尔斯海默（John Mear-sheimer）、斯蒂芬·沃尔特（Stephen Walt）等人认为以色列游说集团推动美国外交政策向亲以色列的方向发展，损害了美国的国家利益。[①] 美国犹太裔组织主要通过支持总统和国会议员候选人参加选举、影响媒体和舆论、接近和影响决策者等方式影响美国的中东政策。[②] 其中美国以色列公共事务委员会对国会施加了更关键的影响，可以通过影响竞选资金的能力奖励或惩罚国会议员和候选人。[③] 但近年来美国犹太裔利益集团也出现分化的现象，右翼犹太组织极力推动美国无条件支持以色列并遏制伊朗，左翼组织则主张推动巴以和谈及“伊核协议”。奥巴马时期，美以两国在巴以问题和伊朗核问题的立场分歧严重。特朗普时期，美国和以色列的右翼犹太势力实现了联合，两国关系高度亲密。[④]

以色列院外游说集团不仅依靠美国犹太裔组织，还动员其盟友基督教福音派等美国宗教右翼势力，所有宗教右翼组织均持亲以色列的立场。[⑤] 沃尔特·米德（Walter Mead）指出对美国外交政策影响最大的宗教派别正是福音派。[⑥] 福音派深入影响了美国的反恐和对以政策。[⑦] 特朗普偏袒以色列的政策也是为了赢得白人福音派选民的支持。[⑧]

维护有形物质利益的主要有军工复合体与化石能源企业两种利益集团。这两类利益集团因为商业利益而与海湾阿拉伯国家的关系更为密切，与阿拉伯裔团体

---

① Michael Lind, “Distorting U. S. Foreign Policy: The Israel Lobby and American Power,” *Washington Report on Middle East Affairs*, May 2002; John Mearsheimer and Stephen Walt, “The Israel Lobby,” *London Review of Books*, vol. 28, no. 6, March 2006; 约翰·米尔斯海默、斯蒂芬·沃尔特:《以色列游说集团与美国对外政策》，王传兴译，上海：上海人民出版社 2019 年版，第 3 页。

② 陈双庆:《美国犹太人对美中东政策的影响》,《现代国际关系》2002 年第 6 期，第 38—39 页；夏莉萍:《试析美国犹太人影响美国中东政策的途径》,《外交学院学报》2004 年第 2 期，第 32 页。

③ Michael Massing, “The Strom over the Israel Lobby,” *New York Review of Books*, June 8, 2006; Paul Findley, *The Dare to Speak Out: People and Institutions Confront Israel's Lobby* (3rd edition), Chicago: Lawrence Hill, 2003.

④ 汪舒明:《美国犹太组织与美以特殊关系的“危机”》,《西亚非洲》2017 年第 3 期，第 75 页。

⑤ 徐以骅:《后冷战时期的宗教与美国政治和外交》，上海：上海人民出版社 2014 年版，第 20 页。

⑥ Walter Mead, “God's Country?” *Foreign Affairs*, September/October 2006, pp. 24, 43.

⑦ 纪文宇:《福音派与小布什政府的外交政策》,《国际论坛》2007 年第 4 期，第 74 页；何宗强:《基督教福音派与美国外交》,《国际论坛》2011 年第 2 期，第 15—16 页；Robert A. Seiple and Dennis R. Hoover, eds, *Religion & Security: The New Nexus in International Relations*, New York: Littlefield Publishers, 2004。

⑧ 汪波、伍睿:《“以色列优先”与特朗普中东政策的内在逻辑》,《阿拉伯世界研究》2021 年第 3 期，第 16 页。

共同组成了亲阿拉伯国家利益集团，试图制衡亲以色列的犹太裔和宗教右翼集团。随着“9·11”事件后沙特阿拉伯加大对美国朝野的游说力度，约翰·麦克阿瑟（John MacArthur）将这个松散的联盟称为沙特阿拉伯游说团体。[①] 阿拉伯裔游说团体试图影响美国的巴以政策，但始终要与经验和资源更为丰富的犹太裔游说团体进行斗争，导致阿裔组织“从未有效改变过国会的中东政策”。[②] 而能源利益集团对美国外交政策影响力和干预的动机要比上述其他利益集团小得多。[③]

既有文献指出了追求无形利益和有形利益的集团各自的利益偏好和影响美国中东政策的途径，无形利益集团有着更强的影响力。这两类四种利益集团在中东问题——特别是围绕巴以问题存在利益冲突，但还无法完全解释为何在特朗普时期这两类利益集团之间的矛盾逐渐减弱，反而共同推动特朗普的激进中东政策。

### （四）研究问题

美国在中东地区的战略目标包括但不限于保护油气产地和运输航线的安全、阻止大规模杀伤性武器的扩散、打击恐怖主义、遏制单个国家建立霸权等战略性目标，美国官方从来没有表示过宗教利益的重要性。无论是官僚政治模式还是小集团思维，都假定决策者的目标是具有战略性的，但是无形利益集团推动的族裔和宗教目标却反映出了美国中东政策非战略性的动机。

官僚政治模式反映了当团队成员之间分歧较大时，会导致政策是折中和妥协的结果且具有不确定性。小集团思维反映了当团队成员之间分歧较小时，会导致政策高度一致且容易失败。而特朗普政府中东政策则表现出第三种情况，即团队成员分歧较大，但政策高度一致，其中东政策的大方向并不以人事变动而变化。因此，对国内视角的分析需要超越政府决策的层面，深入挖掘政治现象背后的社会因素，即利益集团如何影响政府的对外决策。而且个人只有通过集团才能参与政治过程，特朗普决策圈成员的立场反映的是其代表的集团利益。因此与学界普

---

① John R. Macarthur, “The Vast Power of the Saudi Lobby,” *Harper's Magazine*, April 17, 2007.

② 潘亚玲：《美国的族裔游说与移民爱国主义——以阿裔美国人的游说为例》，《美国研究》2009 年第 2 期，第 80—81 页；Saad Ibrahim, “American Domestic Forces and the October War,” *Journal of Palestine Studies*, vol. 4, no. 1, Autumn 1974, p. 64。

③ Robert H. Trice, “Domestic Interest Groups and the Arab-Israeli Conflict,” in A. A. Said, ed., *Ethnicity and U. S. Foreign Policy* (2nd edition), New York: Greenwood Press, 1987, pp. 137 – 138.

遍关注的官僚政治模式、特殊个性与决策圈“私人化”相比，它们的竞争性解释假设——利益集团才是影响特朗普政府中东政策的关键因素。

本文的研究问题是：利益集团对特朗普政府的中东政策产生了什么特殊影响？下文将首先论述利益集团影响特朗普政府中东政策的分析框架。其次论述这两类四种亲保守派利益集团如何通过游说、影响人事任命、竞选资助、促进地方经济等方式来影响特朗普的中东政策。最后对利益集团影响特朗普政府中东政策进行总结并指出利益集团理论的局限性。

## 二　分析框架

本文提出了利益集团影响特朗普政府中东政策的分析框架。如图 1 所示，以色列和海湾阿拉伯国家等美国中东地区盟国为了能够获取美国的帮助达到联合“遏伊”的目的，继而通过族裔和宗教认同、军事和商业合作的方式与美国国内的无形和有形利益集团建立联系。这些利益集团又通过游说、资助、影响人事任免和地方经济的方式参与到美国政党政治中，从而影响政府和国会推动特朗普采取“一边倒”向以色列和加强与海湾阿拉伯国家同盟的政策。

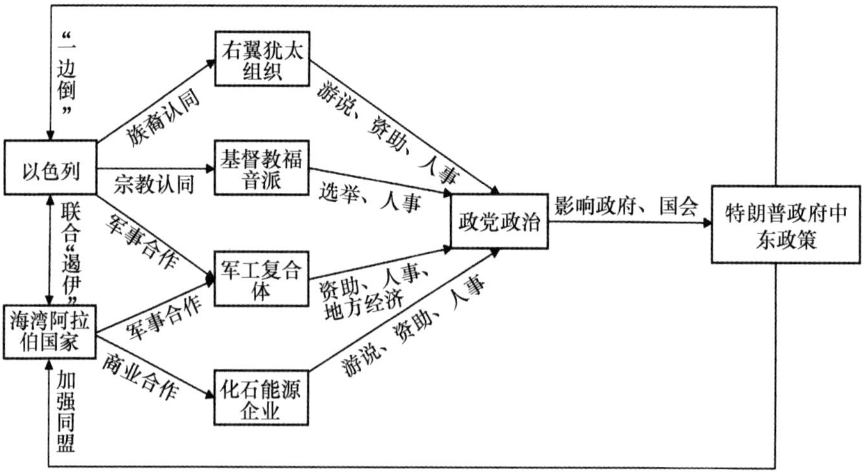


**图 1　利益集团影响特朗普政府中东政策机制示意（简图）**

本部分将首先论述利益集团与政党政治之间的互动机制，其次论述上述利益集团为何不能有力地影响民主党的中东政策，最后分析利益集团对特朗普政府中东政策造成特殊性影响的特点和原因。

### （一）利益集团与政党政治的互动

利益集团对美国中东政策的影响反映了美国政党政治与对外政策之间的关联机制。利益集团通过游说、资助竞选和支持候选人等手段影响决策，但是利益集团作为社会力量只能通过政党间接影响决策过程。政党政治反映了不同群体和集团之间的利益关系。

政党是利益集团影响美国对外政策的制度性中介。戴维·卡罗尔（David Karol）将政党定义为“对某些特定政策有强烈偏好的群体联盟”和“具有共同关注议题和自我意识的个体集合”。[①] 可见政党既是相似意识形态的集合体，又是利益集团的联盟。

利益集团和政党都致力于推行自身偏好的政策。政党是追求选票最大化者（vote maximizers），必须与利益集团结成更具广泛性的联盟来赢得选举，而利益集团则是追求政策最大化者（policy maximizers）。[②] 政党为了选举不得不需要利益集团的政治支持和竞选资金资助，迎合利益集团的偏好可以在下次选举中继续保住职位。利益集团相信支持某个政党或政客会带来无形或有形的收益，为政党竞选和国会工作提供了资金和信息支持，并且让自己的支持者得到关键决策位置的任命从而实现目标。利益集团还通过议程设置将自身关心的议题转化为政府和国会也关心的议题。

由于政党代表更大范围的公民和不同利益的广泛联盟，而利益集团仅代表部分公民，所以需要彼此竞争推动议题。白宫和国会的政党轮替也是利益集团影响力洗牌的关键时刻。因此政党轮替会导致对外政策的调整，干扰了美国中东政策的连续性。无形道德和有形利益集团的偏好因依靠不同的政党而存在差异性。

党派分歧反映的是利益集团的博弈，也是国家发展方向的路线之争。美国的国家利益被两党政治精英代表的不同国内政治和社会利益所构建，因此各自代表的政治联盟有不同的对外政策偏好。由于政治极化导致国会中两党席位差距缩小

① David Karol, *Party Position Change in American Politics: Coalition Management*, Cambridge: Cambridge University Press, 2009, pp. 7 – 9.

② 杰弗里·M. 贝瑞、克莱德·威尔科克斯：《利益集团社会》（第5版），第93页。

和两党意识形态差距的扩大，所以利益集团在选举中同时支持两个政党的情况更少了，特殊利益集团与某个政党之间的关系更加紧密和团结。因为两党背后不同的利益集团对美国对外政策中的目标和方式都有不同的理解和排序，所以导致美国对外政策产生严重分歧。

与国内政策相比，两党在对外政策的意识形态上分歧较弱，但是因为右翼犹太团体和基督教福音派等无形利益集团的高度参与，使得美国的中东政策容易被意识形态因素干扰，偏离了战略性目标，而越发非理性化。两党除反对大规模军事干预外无法在中东政策中完全达成共识，因此很难对美国的中东战略进行长期规划并监督落实。不同政府的中东政策反映了政党的意识形态和利益偏好。特朗普的中东政策显示出共和党惯用的“高压胁迫”，而民主党的特点是“软硬兼施”,① 这恰恰体现出奥巴马和特朗普的对外政策建立在不同的国内政治逻辑基础上。②

政党的价值取向、外交偏好也不必然由利益集团决定，而有着自身的演化过程。近年来，美国政治极化现象导致身份政治重要性的上升。共和党的基督教认同越来越强，反映了当前政治极化格局下两党正在形成基于价值观认同而非经济利益的“跨阶级联盟”，“文化—身份”认同的观念冲突正在取代“经济—阶级”矛盾的经济周期成为美国政党政治演化的首要矛盾。③

利益集团在外交决策中发挥最明显的作用是影响政府的政策选择。随着特朗普领导的右翼民粹运动崛起，共和党对外交与安全战略的定位越来越表现出带有冷战思维的现实主义。④ 在共和党内部经济民族主义者执掌经济、新保守派控制外交、宗教右翼主导文化的过程中保守主义意识形态成为决策者的主导观念和重要民意基础。在当前美国激烈的“文化战争”和政党极化的背景下，共和党正在与白人基督教的身份认同逐渐绑定，这导致无形道德利益集团可以决定共和党的中东政策偏好，特别是将以色列和伊朗之间的矛盾描绘为黑白分明的宗教化意

① 刘畅：《拜登政府中东政策框架初探——内容、动因、制约》，《和平与发展》2021 年第 6 期，第 58 页。

② 王浩：《美国对外战略变迁的动力、机制及进程——基于“社会中心”视角的分析》，《当代亚太》2016 年第 6 期，第 34—58 页；王浩：《从制度之战到经济竞争：国内政治与美国对华政策的演变（2009—2018）》，《当代亚太》2019 年第 1 期，第 43—45 页。

③ 王浩：《走出周期：美国政党政治研究的范式转换与议程重置》，《美国研究》2022 年第 4 期，第 47 页。

④ 刁大明：《特朗普政府对外政策的逻辑、成因与影响》，第 21 页。

识形态斗争。共和党和特朗普的单边主义倾向使其不信任“伊核协议”的有效性。而化石能源和军工产业与新保守派的利益一致，都从美国的武力干涉中获益，同时满足了特朗普“能源主导”、“制造业回流”、“美国优先”等政策主张，这两种有形利益集团与共和党的合作关系在特朗普时期进一步加深。

与共和党相反，近年来民主党逐渐与多元文化和全球主义的身份认同绑定。因此包括犹太教正统派和基督教福音派在内的宗教右翼对民主党影响力的弱势导致无形道德利益集团几乎难以影响民主党的中东政策，使得拜登政府可以继续推行战略收缩和离岸平衡，对以色列的态度也更加理性而非受无形道德观念的约束。民主党对多边主义原则和国际道德责任的坚持使其相信“伊核协议”可以有效解决问题。就产业利益集团而言，化石能源产业是本土主义和保守主义的代表，环境和气候议题则是后工业文明的关注点。奥巴马和拜登政府推行的“绿色新政”源于民主党多年来对气候变化议题的关注，更根植于民主党对美国未来产业发展和经济结构调整的宏观战略，而化石能源产业并未占一席之地。

利益集团对两党影响力的共同点在于军工复合体和犹太裔群体仍具有跨党派的持久影响力。因为军工产业遍布美国各州，已经与美国的经济结构和产业地理融为一体，而且两党许多国会议员和政府官员都有着服役经历，扩大军事装备出口也是两党政客共同推动的目标。长期以来，过度保护以色列是美国重要的外交和政治原则，两党都将支持和保护以色列视为重要的战略目标和政治合法性来源。但是2015年共和党控制的众议院在未告知白宫的情况下邀请以色列总理本雅明·内塔尼亚胡（Benjamin Netanyahu）访美，总统奥巴马和国务卿克里拒绝接见，体现出将以色列议题引入党争的功能性，使是否坚持美以特殊关系成为党派问题。[①] 美国犹太裔内部正统派与非正统派的分化只会影响共和党或民主党在巴以问题中的偏好，但仍然会让两党都将巴以问题视为联系国内合法性和国际战略的重要复合型议题。

### （二）利益集团对民主党政府中东政策的影响

在奥巴马和拜登两任民主党政府时期，在美国中东政策中对沙、以、伊等

① 莫盛凯：《特朗普政府中东政策的特点》，《战略决策研究》2020年第5期，第54页。

国的取向都有别于特朗普政府，体现为奥巴马政府对沙特和以色列的冷落、推动对伊朗的缓和并从中东地区撤出军事力量转移到亚太地区。拜登政府则力图纠正特朗普的中东政策，试图重返“伊核协议”并避免中东政策被以色列、沙特等盟国过多牵制的局面，以及在 2022 年俄乌冲突爆发后稳定国际油价，最终以机制化而非“私人化”的中东外交机制重拾地区事务主导权。① 民主党政府的中东政策体现出部分利益集团的失势以及民主党的政策偏好，使相关利益集团难以阻止美国在中东的战略收缩。上文两类四种利益集团对民主党政府影响力较弱的原因在有以下三个方面：

第一，奥巴马和拜登并不像以往的美国领导人具有鲜明的亲以立场，两人都曾表示支持巴以“两国方案”。两任政府也都希望将美国战略重心尽快转向亚太地区，不希望中东地区有新的麻烦。然而以色列游说集团对奥巴马政府和国会的影响力仍然巨大，例如奥巴马原已任命傅立民（Charles Freeman）为国家情报委员会主席，但遭到以色列游说集团的反对而被迫取消。

拜登执政后也不再完全偏袒以色列，而是希望通过援助巴勒斯坦赢得阿拉伯世界的好感，同时迎合民主党进步派在巴以问题中的立场。国务卿安东尼·布林肯（Antony Blinken）等非正统派犹太人执掌美国外交事务和美以关系，“犹太街”等自由派犹太组织的影响力再度提升。但是，非正统派犹太人也同样关心巴以问题，保障以色列的国家安全和美以特殊关系也是美国中东战略和美国国内政治的底线要求。在新一轮巴以冲突发生后的 2021 年 9 月，众议院通过法案向以色列提供援助用于完善铁穹导弹防御系统。未来巴以问题仍将在美国国内受到持续的特别关注。

第二，民主党对宗教群体的依赖度较小。包括福音派在内大多数基督教派系对民主党的影响力都比共和党更弱，共和党选民比民主党选民更加虔诚：46% 的共和党选民和 32% 的民主党选民每周或几乎每周都参加宗教仪式；9% 的共和党和超过 20% 的民主党选民没有宗教身份；60% 的共和党和 46% 的民主党选民表示宗教在他们的日常生活中非常重要。② 民主党选民对犹太教、天主教、卫理公会、浸信会、福音派、原教旨主义基督教等关心以色列的宗教团体的态度也都比

① 唐志超：《拜登政府的中东政策发展趋向》，《当代世界》2021 年第 4 期，第 30—31 页。

② Frank Newport, “Religion Takes Larger Role for Democrats This Year,” Gallup, August 28, 2020, https://news.gallup.com/opinion/polling-matters/318308/religion-takes-larger-role-democrats-year.aspx.

共和党选民更差。[①]

特朗普政府的结束标志着福音派对白宫的影响力大幅下降。拜登本人虽然是天主教徒，但是他在国内社会问题的立场大多与民主党的世俗主义、多元文化主义和自由主义保持一致。加之民主党对宗教群体的依赖比共和党更小，使拜登不必像特朗普那样试图通过“一边倒”亲以的方式来赢得宗教群体的支持。

第三，奥巴马上台后致力于从中东地区战略收缩，特别是军事力量的收缩。在债务危机的沉重压力下，奥巴马政府大幅削减国防开支，还计划裁撤军队并关闭部分军事基地。[②] 奥巴马在其任内更换了三位国防部长，军费开支的缩减和国防部长的频繁更换都体现出国防部地位的下降。

虽然拜登政府一度暂停了特朗普政府末期与沙特和阿联酋的军购订单，但最终仍予以批准，可见美国军工复合体影响力之大已经超越了两党分歧，将自身的集团利益嵌入了美国的国家利益当中。中东地区未来仍将是美国军工业不可忽视的市场，但与欧洲和印太地区相比并不是最重要的。

第四，民主党在国内外大力推行其“绿色新政”战略，在鼓励新能源产业发展的同时力求能源独立，摆脱美国对中东油气能源的依赖。气候变化是民主党最具标志性的政策议题，因此与共和党相比，民主党政府受化石能源企业的资助也更少，导致与沙特等海湾地区产油国盟友关系的进一步松动。

### （三）利益集团对特朗普政府中东政策的特殊影响

特朗普政府中东政策的特殊性就在于上述四种利益集团对其决策过程的影响比民主党政府大。利益集团对特朗普中东政策的影响有如下特点。

第一，特朗普政府中东政策的决策圈非常“私人化”，几个关键人物集中发挥重大影响。在国际层面，特朗普通过库什纳与以色列总理内塔尼亚胡、沙特王储小萨勒曼、阿联酋阿布扎比王储穆罕默德·本·扎耶德（Mohamed bin Zayed）等国家领导人建立紧密的私交；在政府层面，彭斯、蒂勒森、蓬佩奥、马蒂斯、博尔顿等人亲以、亲沙、反伊的立场十分坚定；在社会层面，围绕在特朗普身边

① Frank Newport, “Democrats View Religious Groups Less Positively Than Republicans,” Gallup, September 7, 2006, https://news.gallup.com/poll/24385/Democrats-View-Religious-Groups-Less-Positively-Than-Republicans.aspx.

② Jim Garamone, “Defense Officials Announce Fiscal 2013 Budget Priorities,” American Forces Press Service, January 27, 2012, https://www.army.mil/article/72595/Panetta_Announces_Fiscal_Budget_Priorities/.

的则是谢尔顿·埃德尔森（Sheldon Adelson）、科赫（Koch）兄弟等利益集团的代表人物。

第二，政府和利益集团之间的“旋转门”现象明显，人员流动频繁。上述利益集团之间存在交叉任职现象，即同一人可以代表数个利益集团。特朗普政府的人员组成也呈现出军工复合体、宗教右翼、商业精英和犹太精英相互影响的格局。比如蓬佩奥同时具有福音派、军工业、能源企业三重身份背景。右翼犹太团体、军工复合体、化石能源企业、保守派智库之间的人员流动频繁，体现出共和党保守派政治网络的复杂性和紧密性。

第三，在利益集团的影响下，美国的对外政策容易受到对象国的形塑。而特朗普政府的利益却与以色列和沙特等国的国家利益高度一致，共荣共损。以色列、沙特、阿联酋等国依赖美国的安全保障，共同激化美伊矛盾。支持以色列的福音派是共和党选民基本盘，右翼犹太裔人口虽然不多但增长迅速，正统派精英的影响力也很重要。而美国从沙特、阿联酋等国可以获得军售、贸易和投资的实际利益，并抢占伊朗退出的油气市场，这些都与特朗普的“美国优先”理念相符。

利益集团能对特朗普政府中东政策产生更重要影响的原因有三点。

第一，特朗普对个人政治利益的重视超过国家利益，力求将个人利益最大化而非国家利益最大化，其个人特性导致利益集团更容易影响其决策小圈子。刁大明指出特朗普政府秉持“美国优先”理念的特殊性就在于其没有接受建制派精英们关于国家利益的构建，而是强调回应对其至关重要的基本盘与关键群体。[①]“美国优先”也意味着美国利益集团利益优先，让外交完全服务于内政，服务于有利于白人产业工人的“制造业回流”目标。因此特朗普中东政策的选择也有强化国内关键个人、组织和群体对其支持的动机。

第二，特朗普作为华盛顿建制政治“局外人”的身份，较为缺乏中东问题专家和顾问班底，使亲共和党的利益集团对其人事任命举荐有着更多的可操纵空间。同时，共和党强调宗教与传统价值观、强大国防并支持大企业和工商业发展，而福音派信徒、化石能源企业、军工企业也广布于中西部和南方各州等共和党保守派的传统势力范围。特朗普既为了回报这些利益集团对他的支持，也为扩

① 刁大明:《特朗普政府对外政策的逻辑、成因与影响》，第 22 页。

大自己的选民基础，通过“亲以、联沙、遏伊”的政策利用共和党既有的政治社会结构团结保守派并改造共和党。这两类四种利益集团对特朗普政府的影响力因此提升，但不同利益集团的影响力是有差异的，特朗普政府中东政策的决策过程就是对国内不同集团利益的分配。

第三，特朗普政府所处国际环境具有特殊性。从国际层面分析，奥巴马政府主张与伊朗缓和的原因是急于从全球反恐战争中抽身，将美国的战略重心从中东转移至亚太，服务于“亚太再平衡”战略，但是又没能应对好阿拉伯剧变和利比亚、叙利亚两场内战爆发的新中东地缘政治局势。

特朗普中东政策调整的地区局势背景是巴以问题作为美国中东政策曾经的核心正在让位于伊朗问题。[①] 伊拉克战争后伊朗在中东地区影响力的迅速崛起让以色列和沙特同时感受到了威胁，具有遏制伊朗的共同目标。因此注重政治和宗教利益的无形利益集团与强调商业利益的有形利益集团可以构成议题联盟共同影响特朗普政府推行“亲以、联沙、遏伊”的中东政策。随着 2017 年 11 月伊拉克拉瓦、2019 年 3 月叙利亚上巴古斯战役的结束和同年 10 月“伊斯兰国”头目巴格达迪被击毙，“伊斯兰国”对美国及其盟友的威胁迅速下降，特朗普政府的中东战略重点得以从反恐战争转向遏制伊朗。

## 三　无形道德利益集团的影响

无形道德利益集团主要关注目标对象的物质利益而非自身群体的物质利益，对目标对象物质利益的帮助可以满足自身群体的精神层次道德需求。美国右翼犹太团体和基督教福音派长期通过游说、资助和人事举荐等方式促使美国政府和国会保护、扶持、援助以色列。无形道德利益集团对美国政治和社会的影响力是持久的，因为美国犹太裔和基督教福音派基于自身族裔和宗教的长期身份认同是代际传承的，根植于血统和精神层面的族裔和宗教身份也极少因为政治经济的外部环境变化而改变。因此，无形道德利益集团对重视保守主义传统道德观念的共和党有着极深的影响，更擅长动员广大基层民众为政党的选举活动助力。

---

① 刁大明：《迁馆耶路撒冷：国内政治与特朗普政府对外政策议程设置》，《外交评论》2018 年第 4 期，第 140 页。

### (一) 右翼犹太团体

美国和以色列的犹太群体长期保持密切联系。美国有大量极具影响力的犹太裔组织，充当着两国之间的桥梁和代理人，并致力于在美国社会促进亲以共识，主要通过影响人事任命和竞选资助的方式影响特朗普政府的中东政策。但因为同时受到以色列和美国国内政治极化的影响，美国犹太群体内部也产生了分歧，出现了“双层极化”的现象,①并不完全支持美国政府的亲以政策，亲以两党共识已被削弱。

近年来，亲共和党的右翼犹太团体不断渲染“伊朗威胁论”并通过游说特朗普政府推出反伊政策。奥巴马政府时期美以两国关系降至低点。受美国宗教右翼势力支持的特朗普上台后与内塔尼亚胡政府合作甚密，特朗普上任之初颁布针对部分穆斯林国家的旅行禁令后，以色列第一时间明确表示支持。特朗普就任不到一个月，内塔尼亚胡便访问美国，还表示特朗普政府退出“伊核协议”具有重大历史意义，并感激特朗普的努力。②

(1) 人事任命。

虽然正统派只占美国犹太裔人口的 10%,③但特朗普身边的犹太裔精英多出自正统派。他们影响了特朗普的亲以立场。特朗普政府的以色列政策主要由以下正统派犹太裔精英参与制定：美国驻以色列大使大卫·弗里德曼（David Friedman）反对“两国方案”；特朗普竞选顾问、国际谈判特别代表、中东和平特使杰森·格林布拉特（Jason Greenblatt）坚持认为以色列在约旦河西岸犹太人定居点是合法的；特朗普更是将致力于“彻底解决”巴以问题、实则偏向以色列的“世纪协议”交由他的正统派犹太裔女婿、白宫高级顾问库什纳操办。

库什纳和小萨勒曼王储、内塔尼亚胡总理、穆罕默德王储等中东国家领导人

---

① 汪舒明、张忆南:《美国犹太组织与特朗普时期的美以“亲密”关系》,《国际关系研究》2021 年第 3 期，第 43 页。

② Catherine Lucey, “Donald Trump Announces US Pulling Out of Iran Nuclear Deal, Reviving Economic Sanctions,” *ABC News*, May 9, 2018, https://www.abc.net.au/news/2018-05-09/donald-trump-pulls-us-out-of-iran-nuclear-deal/9741446.

③ “Comparisons Between Jews in Israel and the U.S.,” Pew Research Center, March 8, 2016, https://www.pewresearch.org/religion/2016/03/08/comparisons-between-jews-in-israel-and-the-u-s/.

保持着密切的私人联系，他还亲自推动阿联酋、苏丹、巴林、摩洛哥等国与以色列建交，并调停沙特与卡塔尔的外交危机。库什纳实质上处于特朗普政府中东决策圈的核心位置，还促成亲阿与亲以、无形利益集团与有形利益集团结成议题联盟，促使他们支持特朗普的国内外政策。库什纳在美、沙、以、阿之间穿针引线构建遏制伊朗的同盟，并帮助促成美国向沙特出售巨额军备。小萨勒曼曾称库什纳为其在沙特国内权力斗争中提供了情报支持，[①] 特朗普离任后库什纳创立了一家私募股权公司，该公司总资产25亿美元中的20亿美元来自沙特主权财富基金的投资。[②] 体现了在特朗普总统任期结束后，特朗普—库什纳家族仍与沙特有着密切的往来。

（2）竞选资助。

特朗普的重要支持者、犹太裔博彩业巨头埃德尔森在美国保守派中具有巨大影响力，他于2008年创办免费日报《今日以色列》（*Israel Hayom*）大力宣传内塔尼亚胡。埃德尔森夫妇在2016年大选中向共和党捐赠8000万美元，向特朗普捐赠3500万美元；2018年为共和党捐款1.24亿美元；在2020年大选中为特朗普和共和党投入了超过2.15亿美元，他曾称向共和党捐款的主要目的就是为了影响美国对以政策。[③] “犹太裔共和党联盟”等右翼犹太组织也得到埃德尔森的大力支持。埃德尔森还极力促成了特朗普政府将美国大使馆迁至耶路撒冷。2018年特朗普向埃德尔森的妻子授予总统自由勋章。2021年1月埃德尔森去世后，内塔尼亚胡表示他是“历史上对犹太人、犹太复国主义、定居点和以色列贡献最大的人物之一”。[④]

---

① Alex Emmons, Ryan Grim and Clayton Swisher, “Saudi Crown Prince Boasted That Jared Kushner Was ‘In His Pocket,’” *The Intercept*, March 22, 2018, https://theintercept.com/2018/03/21/jared-kushner-saudi-crown-prince-mohammed-bin-salman/.

② David D. Kirkpatrick and Kate Kelly, “Before Giving Billions to Jared Kushner, Saudi Investment Fund Had Big Doubts,” *The New York Times*, April 10, 2022, https://www.nytimes.com/2022/04/10/us/jared-kushner-saudi-investment-fund.html.

③ Jemima McEvoy, “Sheldon Adelson—Casino Magnate and Major GOP Donor—Dead at 87,” *Forbes*, January 12, 2021, https://www.forbes.com/sites/jemimamcevoy/2021/01/12/sheldon-adelson-casino-magnate-and-major-gop-donor-dead-at-87/?sh=7d84cfd6563b; Theodore Schleifer, “Adelson: Trump Likely to Be ‘Best President for Israel Ever’,” CNN, February 24, 2017, https://edition.cnn.com/2017/02/24/politics/sheldon-adelson-donald-trump-israel/index.html.

④ Benyamin Cohen, David Ian Klein and Jacob Kornbluh, “Before Sheldon Adelson's death, his relationships soured with both Netanyahu and Trump,” *Forward*, January 12, 2021, https://forward.com/fast-forward/461930/sheldon-adelson-jewish-philanthropist-and-mega-donor-to-netanyahu-trump/.

虽然在 2016 年大选中民主党约 50% 的选举资金来自犹太裔，而共和党只有 25%，但有 74% 的共和党选民同情以色列,[①] 特朗普推行激进的亲以政策有利于巩固共和党选民和右翼犹太裔对他的支持。共和党也在大力宣传“犹太出走”(Jexodus) 运动，利用亲以政策争取犹太裔选民的支持,[②] 但收效甚微。2019 年，特朗普更是亲自参加了“以色列裔美国人理事会”年会并发表演讲。同年，“犹太价值联盟”等右翼犹太团体在犹太节日逾越节期间发表“特朗普颂”，以此感谢特朗普的诸多亲以政策。特朗普“一边倒”亲以的中东政策并没有争取到大多数犹太裔，他的国内外政策都是为了争取意识形态较保守的右翼犹太团体，特别是维护了如库什纳和埃德尔森等关键正统派犹太裔代表人物的利益。在 2020 年大选中，虽然只有约 30% 的犹太裔将选票投给特朗普，但他却获得约 80% 的正统派犹太选民支持,[③] 这一方面体现出虽然犹太裔群体的政治立场继续呈现极化的趋势，但整体仍保持更支持民主党的传统；另一方面体现出保守派犹太裔与共和党立场的高度一致性和对特朗普中东政策的认同和大力支持。

### (二) 基督教福音派

20 世纪 70 年代末，以基督教福音派为代表的宗教右翼崛起，开始参与到美国政治和外交。20 世纪 90 年代以来福音派更是成为共和党的重要选民基础，开始对共和党的竞选纲领产生较大影响。[④] 当前福音派约占美国总人口的 25.4%,[⑤] 主要有“美国基督教联盟”(Christian Coalition of America)、“全国福音派协会”

---

① Jeremy Sharon, "US Jews Contribute Half of All Donations to the Democratic Party," *The Jerusalem Post*, September 27, 2016, https://www.jpost.com/us-elections/us-jews-contribute-half-of-all-donations-to-the-democratic-party-468774; "74% Republicans, 33% Democrats Sympathize With Israel Over Palestinians, Survey Finds," *Jewish Telegraphic Agency*, January 12, 2017, http://www.jta.org/2017/01/12/news-opinion/politics/74-republicans-33-democrats-sympathize-with-israel-over-palestinians-survey-finds.

② 房宇馨、谢韬:《2020 年美国总统选举中的“犹太出走”悖论》,《当代美国评论》2021 年第 3 期，第 94 页。

③ "Election Night Polls Shows Jewish Voters Overwhelmingly supported Joe Biden, Trump's Margin Even Worse Than' 16 Election," Jewish Street, November 4, 2020, https://jstreet.org/press-releases/election-night-poll-shows-jewish-voters-overwhelmingly-supported-joe-biden-trumps-margin-even-worse-than-16-election/.

④ 艾伦·D. 赫茨克:《在华盛顿代表上帝：宗教在美国政体中的作用》，徐以骅、黄凯、吴志浩译，上海：上海人民出版社 2003 年版，第 1 页。

⑤ "Religions," Pew Research Center, https://www.pewresearch.org/religion/religious-landscape-study/#religions.

(National Association of Evangelicals)、“以色列基督徒联合会”(Christians United for Israel) 等组织。基督教福音派组织虽然不像右翼犹太组织那样财力雄厚，但主要通过动员共和党基础选民的方式和人事举荐影响特朗普政府的中东政策。福音派的巨大的影响力甚至让美国以色列公共事务委员会专门设立与其进行工作的联络办公室。

福音派是共和党保守派重要的票仓，在2016年的总统选举中81%的福音派选民都投票支持特朗普。[①] 与竞选资助相比，共和党更倚重福音派的基层组织和动员方式。福音派支持特朗普的重要原因是福音派信徒彭斯被提名为副总统候选人，福音派由此成为特朗普的重要盟友，彭斯也经常参加“犹太裔共和党联盟”年会。

为了回报福音派对总统竞选的大力支持，特朗普在白宫成立了咨询机构“福音派咨询委员会”(Evangelical Advisory Board)，还任命了许多具有福音派背景的内阁成员，如国务卿蓬佩奥、国家安全事务助理博尔顿、司法部长杰夫·塞申斯 (Jeff Sessions)、住房与城市发展部长本·卡森 (Ben Carson)、教育部长贝琪·德沃斯 (Betsy DeVos)、能源部长瑞克·佩里 (Rick Perry)、交通运输部长赵小兰 (Elaine Chao) 等。其中蓬佩奥曾自称“基督教领袖”(Being a Christian Leader)。[②] 博尔顿等人作为新保守主义者，高度关切以色列的安全利益，将犹太民族与美国和西方文明的命运联系起来。对美国传统道德和价值观的重视也使新保守派与宗教右翼成为对抗自由派势力和全球主义者的盟友。

大部分福音派信徒都坚定支持以色列并反对伊朗。2015年约有64%的福音派共和党人认为总统候选人对以色列的态度至关重要，正是在福音派的驱动下共和党整体越来越倾向支持以色列。[③] 特朗普政府对以色列“一边倒”式的偏袒使福音派更加支持特朗普。在苏莱曼尼被美军无人机暗杀后，“以色列基督徒联合

① Gregory A. Smith and Jessica Martinez, “How the Faithful Voted: A Preliminary 2016 Analysis,” Pew Research Center, November 9, 2016, https://www.pewresearch.org/fact-tank/2016/11/09/how-the-faithful-voted-a-preliminary-2016-analysis/.

② Andrew Whalen, “State Department's Promotion of ‘Being a Christian Leader’ on Website Criticized For Potential Violation of Constitution,” *NewsWeek*, October 14, 2019, https://www.newsweek.com/mike-pompeo-christian-leader-speech-trump-secretary-state-separation-church-1465143.

③ Rebecca Shimoni Stoil, “How the GOP Became a ‘Pro-israel’ Party,” *Five Thirty Eight*, December 8, 2017, https://fivethirtyeight.com/features/how-the-gop-became-a-pro-israel-party/.

会”向其数百万支持者发送电子邮件，赞扬特朗普的举动。[①] 在特朗普时期，福音派在中东问题上甚至比右翼犹太组织更为活跃。而特朗普的中东政策也得到了福音派对他的持续支持，在 2020 年大选中 84% 的福音派白人选民支持特朗普，甚至比 2016 年的 81% 更高。[②]

## 四 有形产业利益集团的影响

有形产业利益集团主要关注物质性的商业利益。军工复合体和化石能源企业分别将中东地区视为巨大的市场和能源来源。共和党中的新保守派与军工复合体、化石能源企业关系密切，许多新保守主义者在国防部、能源部等政府机构和相关智库身居要职。新保守派以基督教传统道德观念为思想基础，鼓吹以单边主义和武力干预的方式维持美国的国际霸权地位。新保守派推动小布什政府发动伊拉克战争，军工复合体和化石能源企业都获益颇丰，因此长期以来支持共和党的单边主义和强硬外交政策。产业利益集团更擅长走上层路线，为政党活动提供资金支持。

### （一）军工复合体

军事—工业复合体主要由行政部门内的国防部等军事机构、军工产业工商业、国会和科研学术机构等组成，[③] 其核心是由军工企业、国防部和国会两院军事委员会组成的“铁三角”。“铁三角”之间通过具有美国特色的“旋转门”完成人员流动。军工复合体主要通过游说、人事任命、竞选资助和提升地方经济的方式影响特朗普政府的中东政策。

---

① Jennifer Wilson, “Bible Studies at the White House: Who's Inside This Spiritual Awakening,” *CBN News*, July 31, 2017, https://www1.cbn.com/cbnnews/politics/2017/july/bible-studies-at-the-white-house-whos-at-the-heart-of-this-spiritual-awakening; Rod Dreher, “Christian Tempted by Trump Idolatry,” *The American Conservative*, May 16, 2017, https://www.theamericanconservative.com/dreher/christians-tempted-by-trump-idolatry/.

② Justin Nortey, “Most White Americans Who Regularly Attend Worship Services Voted for Trump in 2020,” Pew Research Center, August 30, 2021, https://www.pewresearch.org/fact-tank/2021/08/30/most-white-americans-who-regularly-attend-worship-services-voted-for-trump-in-2020/.

③ 杰里尔·罗赛蒂：《美国对外政策的政治学》，周启明等译，北京：世界知识出版社 1997 年版，第 418 页。

冷战后，洛克希德·马丁公司（Lockheed Martin Corporation）、波音公司（Boeing Company）、诺斯罗普·格鲁曼公司（Northrop Grumman Corporation）、通用动力公司（General Dynamics Corporation）和雷神公司（Raytheon Company）等军工企业成为主要国防承包商。2001—2021 年，军工业花费了 25 亿美元用于游说；2016—2021 年，军工业平均每年雇用超过 700 名说客。[①] 2016 年大选期间，军工业对两党直接捐款 3316 万美元，其中 62% 直接捐款给共和党；2018 年中期选举期间，捐款达 3270 万美元，其中 60% 捐给共和党国会议员；2020 年大选中，捐款达 4958 万美元，其中 54% 捐给共和党。[②] 军工业倾向共和党人的主要原因在于支持扩充军备和对外强硬是共和党的传统立场，军工产业密集的中西部和南方也多为国会共和党议员的选区。

（1）人事任命。

特朗普内阁中有军工企业背景的阁员包括：曾任职雷神的国防部部长埃斯珀、曾任职通用动力和诺斯洛普·格鲁曼的国防部长马蒂斯、曾任职波音的代理国防部长帕特里克·沙纳汉（Patrick Shanahan）、曾任职雷神和洛马的国防部副部长约翰·罗德（John Rood），国防部副部长高级顾问和幕僚长大卫·特鲁利奥（David Trulio）也曾任职于雷神和洛马，还有曾任职洛马和波音的代理国家安全事务助理查尔斯·库珀曼（Charles Kupperman）等。国务卿蓬佩奥曾经营飞机零部件制造商塞耶航空（Thayer Aerospace），为洛马、波音等企业供货，还获得了共和党大金主科赫工业（Koch Industries）的投资。

特朗普曾在军事化学校学习，他也偏爱任命军旅出身的阁员。有服役经历的阁员包括：毕业于西点军校的蓬佩奥、两任国防部长埃斯珀和马蒂斯、能源部部长丹尼·布鲁耶特（Danny Brouillette）、内政部部长莱恩·辛克（Ryan Zinke）、退伍军人事务部长罗伯特·威尔基（Robert Wilkie）、先后担任国土安全部长和白宫幕僚长的约翰·凯利（John Kelly），以及包括迈克尔·弗林（Michael Flynn）、约瑟夫·凯洛格（Joseph Kellogg）、麦克马斯特、博尔顿、奥布莱恩在内的历任国家安全事务助理们。其中凯洛格参与过海湾战争，马蒂斯、凯利和麦克

---

① "Profits of War: Corporate Beneficiaries Of The Post-9/11 Pentagon Spending Surge," *Costs of War*, Brown University, https://watson.brown.edu/costsofwar/papers/2021/ProfitsOfWar.

② "Defense: Top Contributors to Federal Candidates, Parties, and Outside Groups," *Open Secrets*, https://www.opensecrets.org/industries/contrib.php?ind=D&Bkdn=DemRep&cycle=2020.

马斯特曾参与伊拉克战争，对中东局势有切身体会，它们都认为伊朗对于伊拉克的渗透损害了美国的利益。① 博尔顿作为新保守主义代表人物，在小布什时期就主张对伊拉克发起先发制人的打击并颠覆伊朗政权。在国家安全委员会 25 个高级顾问岗位中有十个都由现役或退役军人担任，远多于奥巴马时期的两个。②

特朗普内阁中有军工企业和服役经历的大量阁员使得特朗普政府的对外政策极具“军事优先”色彩，整体倾向于关切以色列和海湾阿拉伯国家的安全并主张对伊朗强硬。如蒂勒森主张在沙特和卡塔尔之间保持平衡，马蒂斯与阿联酋阿布扎比王储穆罕默德私交甚密。

（2）军售与地方经济。

军工业与其他利益集团相比的优势在于，其对美国许多州的经济发展和就业至关重要，进而可以直接通过选区影响国会议员。决策者也倾向于选择既能够促进经济增长又能符合集团利益的政策。

军工业是美国为数不多的在国际市场拥有较大竞争优势的本土制造业，为军工业谋求订单也符合特朗普提倡的“美国优先”和“制造业回流”。2001 年 10 月至 2021 年 8 月间，洛马、雷神、通用动力、波音和诺斯罗普 · 格鲁曼公司五家军工企业从国会预算中获取了 2.02 万亿美元。③ 美国国防开支由 2017 年的 6058 亿美元猛增至 2018 年的 6487 亿美元，④ 极大地促进了军工制造业的发展。2018 年 9 月国防部产业政策办公室发布的报告，军工产业贡献了美国 9% 的就业岗位、12% 的 GDP、60% 的出口产值、55% 的专利数和 70% 的科技研发。⑤ 军工业帮助美国经济的发展并促进地方经济和就业，更何况军工业和航天航空产业密

---

① 吴冰冰：《中东地区的大国博弈、地缘战略竞争与战略格局》，《外交评论》2018 年第 5 期，第 48 页。

② Missy Ryan and Greg Jaffe, “Military's Clout at White House Could Shift US Foreign Policy,” *The Washington Post*, May 28, 2017, https://www.washingtonpost.com/world/national-security/military-officers-seed-the-ranks-across-trumps-national-security-council/2017/05/28/5f10c8ca-421d-11e7-8c25-44d09ff5a4a8_story.html.

③ Stephen Semler, “The Top 5 Military Contractors Ate $2 Trillion During the Afghanistan War,” Aug. 23, 2021, https://stephensemler.substack.com/p/the-top-5-military-contractors-ate.

④ Stockholm International Peace Research Institute (SIPRI), *Yearbook: Armaments, Disarmament and International Security* (Stockholm, 2017), https://data.worldbank.org.cn/indicator/MS.MIL.XPND.CD? end = 2018&locations = US&start = 2018&view = map&year = 2017.

⑤ Department of Defense's Office of Industrial Policy, “Assessing and Sstrengthening the Mmanufacturing and Defense Iindustrial Base and Supply Chain Resiliency of the United States,” September 2018, https://media.defense.gov/2018/Oct/05/2002048904/ - 1/ - 1/1/ASSESSING-AND-STRENGTHENING-THE-MANUFACTURING-AND%20DEFENSE-INDUSTRIAL-BASE-AND-SUPPLY-CHAIN-RESILIENCY.PDF.

集的中西部和南方本就是共和党的基本盘。例如，2017 年，北卡罗来纳州获得了 660 亿美元的国防拨款，占该州 GDP 的 12%；国防航空航天产业群为科罗拉多州带来 19 万就业岗位和 270 亿美元的经济规模，分别占该州就业人数的 5.2% 和 GDP 的 6.5%。[①]

中东客户们也为美国军工业发展贡献颇多，特别是来自沙特、阿联酋、卡塔尔等海湾阿拉伯国家的订单将它们的国家安全与军工复合体的利益紧密捆绑。2007—2014 年，沙特共花费 602 亿美元从美国购买武器，美国国防部作为中间人能从对沙特的军售销售额中获得 7%；[②] 在组建"反伊联盟"的背景下，2017 年 5 月沙特同美国达成 1150 亿美元的巨额军购订单，并计划未来十年再采购 3500 亿美元的武器装备，这为美国创造了约 100 万个的就业岗位，[③] 是沙特与美国以"军购换安全"关系取代"石油换安全"关系的起点；2018 年 3 月到 4 月小萨勒曼王储访美期间会见了洛马、波音等军工业企业领导层；2019 年美国对中东军售达 255 亿美元，占其全球军售份额的三分之一；同年 5 月，特朗普以"伊朗危害地区安全"和"也门胡塞武装威胁增加"为由，宣布美国进入"紧急状态"从而绕开国会，直接向沙特和阿联酋出售 81 亿美元的军备。[④] 美国每出口 10 亿美元的武器装备，就能在国内提供大约 4.2 万个就业岗位，[⑤] 对重视选区利益的国会议员而言为本地的军工企业拉到更多订单符合他们的利益。

---

① "Federal and Defense Spending up in North Carolina," *NCMBC*, https://www.ncmbc.us/announcements/federal-and-defense-spending-up-in-north-carolina/; "Florida Defense Industry Economic Impact Analysis 2017 Update," December 2017, http://www.enterpriseflorida.com/wp-content/uploads/Florida-Defense-Industry-Economic-Impact-Assessment_ 2017-FINAL.pdf.

② Anthony H. Cordesman, "Saudi Arabia and the United States: Common Interests and Continuing Sources of Tension," CSIS, March 10, 2016; Andrew Cockburn, "Acceptable Losses: Aiding and Abetting the Saudi slaughter in Yemen," *Harper's Magazine*, September 2016, https://harpers.org/archive/2016/09/acceptable-losses/.

③ Emily Stewart, "'It's not Going to Create or Take Away a Single job': Why Trump's Excuse on the Saudis Doesn't Hold up," *Vox*, October 21, 2018. https://www.vox.com/policy-and-politics/2018/10/21/18003696/trump-saudi-arabia-jamal-khashoggi-weapons-jobs.

④ 《美国政府以"紧急情况"为由推动对中东三国军售》，环球网 2019 年 5 月 25 日，https://world.huanqiu.com/article/9CaKrnKkJ51; "Qatar Agrees to Buy U.S. Aircraft, Engines, Defense Equipment," *Bloomberg*, July 10, 2019, https://www.bloomberg.com/news/articles/2019-07-09/qatar-signs-deals-for-u-s-aircraft-engines-defense-equipment。

⑤ Roger P. Labrie, John G. Hutchins and Edwin W. A. Peura, *U.S. arms sales policy: background and issues*, Washington, D.C.: American Enterprise Institute for Public Policy Research, 1982, p. 47.

### (二) 化石能源企业

与其他利益集团相比，化石能源企业对美国中东政策的影响力要小得多。自美国页岩油气开采技术和新能源技术取得巨大突破后，世界原油市场从 2014 年起面临供过于求的局面。约瑟夫·奈认为“页岩革命”是一场地缘政治革命,[①]美国可以开始摆脱对中东的能源依赖并扩大本国的能源出口，与石油输出国组织(Organization of the Petroleum Exporting Countries, OPEC,“欧佩克”)和俄罗斯抢占世界能源市场。

2017 年，美国成为全球第一大油气生产国。因为美国本土能源产出的持续增长，油气行业在美国经济中的重要性增加，尤其为中南部贡献了更多就业岗位。2018 年之后美国页岩油气行业发生了结构性变化，埃克森美孚、道达尔等石油巨头逐渐代替了中小型公司成为页岩油气生产的主力。油气出口州的国会议员和美国油气出口商共同组成的油气—金融复合体，希望保持能源市场稳定，即“可控的”高油价。该复合体希望出口更多的油气资源，这将挤占沙特、阿联酋、卡塔尔等美国盟友的市场，导致美国与海湾国家石油—安全关系的脱钩[②]。2020 年 3 月，支持共和党的石油生产州和油气利益集团强烈反对沙特挑起的石油价格战，一些产油州的国会参议员如北达科他州的凯文·克拉默(Kevin Cramer)和约翰·霍文(John Hoeven)、得克萨斯州的泰德·克鲁兹(Ted Cruz)、路易斯安纳州的比尔·卡西迪(Bill Cassidy)、阿拉斯加州的丹·沙利文(Dan Sullivan)和莉萨·穆尔科斯基(Lisa Murkowski)等人要“推高油价、惩罚沙特”刺激共和党选情。2020 年 5 月，因两国就即将召开的 OPEC + 谈判存在较大分歧，美国宣布从沙特撤出四套“爱国者”防空导弹系统。

因此，美国油气能源企业在中东的投资意愿逐渐降低，其有形利益存在正在淡化，难以与其他利益集团相比。油气能源企业主要通过“美国石油研究所”(the American Petroleum Institute)等组织来影响国会立法和总统决策，还通过人事任命、竞选资助等方式影响特朗普政府的中东政策。美国能源企业在中东的有形利益下降主要体现在以下两点。

---

① Joseph S. Nye, “The Changing Geopolitics of Energy,” November 9, 2017, https: //www. project-syndicate. org/commentary/shale-energy-geopolitical-consequences-by-joseph-s--nye-2017 – 11.

② “油气—金融复合体”的概念由中国石油集团国家高端智库研究中心安雨康提出。

第一，美国能源企业面临其他国家能源巨头的挑战。沙特阿美公司、俄罗斯国家天然气工业股份公司、中国石油天然气集团公司等发展中国家油气公司凭借其掌握的油气资源和消费市场迅速崛起，挑战了欧美油气公司的石油权力。作为美俄博弈的重要反制措施，2020 年 2 月，美国制裁了俄罗斯总统能源发展战略和生态安全委员会执行秘书、普京的政治密友伊戈尔·谢钦（Igor Sechin），他也是 OPEC + 减产协议的坚定反对者。

第二，美国能源企业在中东的利益减少。2015—2017 年，埃克森美孚在阿联酋持有的约 20% 权益被转售给中日韩等东亚国家的企业；2018 年以来，包括埃克森美孚和雪佛龙德士古都等欧美石油巨头已经出售了 281 亿美元的上游资产。①

尽管化石能源企业在中东的利益存在和对美国政治的影响力在下降，但化石能源企业仍然是共和党的重要支持力量。在 2016 年大选和 2018 年中期选举中，化石能源企业 87% 的竞选资金流向共和党，每年约有 4400 万美元；而在 2020 年大选中，化石能源企业 84% 的竞选资金流向共和党，约有 6400 万美元。② 化石能源领域巨头科赫工业不仅每年都是选举中数一数二的共和党捐款大户，还广泛向各类保守派智库捐款从而影响政策。

特朗普政府的首任国务卿蒂勒森曾任埃克森美孚公司董事会主席和首席执行官。蒂勒森在埃克森美孚工作期间与海湾阿拉伯国家合作密切。埃克森美孚作为传统和保守的化石能源行业利益代表，反对依靠清洁能源的“能源独立”政策，公开质疑全球变暖理论，同时又极其重视天然气项目。③ 特朗普政府因此也重视天然气在美国能源战略中的作用，向东亚和欧洲市场推销天然气，其与另一个天然气出口大国卡塔尔在削弱欧佩克问题上有共同利益，有观点认为卡塔尔退出欧佩克的行动是对美国的支持。④ 对伊朗的制裁也有利于美国抢占其原有的油气市场份额。蒂勒森的继任者蓬佩奥曾任油田设备制造商哨兵国际（Sentry Interna-

① “Abu Dhabi Looks to Asia to Take up Oil Concessions,” Nikkei, March 21, 2017; Anjli Raval, “A $140bn Asset Sale: the Investors Cashing in on Big Oil’s Push to Net Zero,” *Financial Times*, July 6, 2021.

② “Oil & Gas: Top Contributors to Federal Candidates, Parties, and Outside Groups,” *Open Secrets*, https://www.opensecrets.org/industries/contrib.php? ind = E01&Bkdn = DemRep&cycle = 2020.

③ 陈征：《特朗普挑中的国务卿将为美国石油利益集团代言》，《世界知识》2017 年第 1 期，第 46—47 页。

④ 王晓丽：《卡塔尔“退群”与相关国际合作变局》，《现代国际关系》2019 年第 3 期，第 50 页。

tional)的总裁，该公司与他曾经营的塞耶航空同样是能源巨头科赫工业的合作伙伴，蓬佩奥竞选堪萨斯州国会议员也是由科赫工业资助的。[①]

## 五 结论

本文认为特朗普的“亲以、联沙、遏伊”中东政策主要受四大亲共和党保守派的利益集团支持和推动：少数族裔利益集团右翼犹太团体、宗教利益集团基督教福音派、产业利益集团军工复合体和化石能源企业。因此特朗普政府的中东政策并不必然将美国的长期国家利益放在首要位置，而在很大程度上基于集团利益，特朗普的决策团队“小圈子”中就充斥着这些利益集团的代言人。

右翼犹太团体、基督教福音派、军工复合体和化石能源企业本就是共和党保守派的重要支持团体，它们通过游说、影响人事任命、竞选资助、促进地方经济等方式进行政策建议和信息支持，进而影响特朗普政府的中东政策。具体而言，右翼犹太团体和化石能源企业的特长在于直接游说政府官员和国会议员，基督教福音派善于动员基层选民对政府官员和国会议员施压，军工复合体关乎选区经济命脉和就业岗位，因此更能够影响来自关键选区的议员。总的来说，右翼犹太团体和基督教福音派这两类关注无形利益的集团对特朗普政府中东政策的影响力比其他两个关注有形利益的集团更大，因为右翼犹太团体和基督教福音派在美国外交事务中最为关心以色列事务，保障以色列的安全是它们参与美国对外决策过程的最大动力。而中东地区只是军工复合体和化石能源企业的重要市场之一，随着美国从中东地区的战略收缩和能源独立，这两类集团对中东地区的依赖只会越来越小。无形的政治、族裔和宗教利益比有形的商业利益更为长久，因为其依赖的不是市场而是民意。

保守派利益集团从特朗普对中东的激进型中东政策中获益匪浅，从而阻碍了美国战略重心的调整。特朗普的“亲以、联沙、遏伊”政策让他本人和共和党赢得了选票、右翼犹太团体得到了美国对以色列的偏袒、福音派满足了宗教诉求、军工企业和化石能源企业赚得盆满钵满。然而，在上述利益集团的支持下特

① Lee Fang, “Meet Mike Pompeo: The Congressional Candidate Spawned By The ‘Kochtopus’,” *Think Process*, September 21, 2010, https://archive.thinkprogress.org/meet-mike-pompeo-the-congressional-candidate-spawned-by-the-kochtopus-2b5530a2e2ac/.

朗普仍未能成功连任，这表明利益集团对美国中东政策和美国政治的影响也具有局限性。正因为利益集团因其社会属性只能通过政党政治影响政府决策，所以新政府会极力限制上届政府所以依靠的利益集团，导致任何一个利益集团很难左右美国的中东政策。

综上，政党交替导致利益集团影响力的升降，进而导致了美国中东政策不一致和不连贯。美国中东政策缺乏连贯性会让美国的地区盟国对美国逐渐丧失战略信任，而与其他大国建立更多的伙伴关系以降低美国政策调整带来的风险。美国中东政策的反复只是美国国内集团政治分歧严重的缩影，今后党派极化政治和利益集团之间分歧将继续掣肘美国的对外决策。

# 遏压与接触之间：美国对阿富汗塔利班政策的嬗变与走势*

潘子阳**

【内容提要】 自"9·11"事件以来，美国在阿富汗进行了长达二十余年的战争。在美国因素的重要作用下，塔利班从建立政权到失去政权再到重新掌权，从反面见证了美国霸权的衰落进程。美国与塔利班的互动肇始于塔利班第一次执政时期，由于双方在塔利班的外交承认和"基地"组织庇护问题上存在严重分歧，最终走向决裂。"9·11"事件后，美国对塔利班政策经历了从干预到妥协的转折，总体上是"遏压"和"接触"并用。美国政策不仅没有取得预期收益，还助推了塔利班的重新执政。在后撤军时代，美国彻底放弃使用武力手段来打击和颠覆塔利班政权，美国的政策底线是确保塔利班不走向反美的支恐政权，美国的长期利益是将塔利班纳入其中南亚战略的轨道。然而，美国在塔利班的国际承认以及反恐承诺等问题上存在矛盾，这为双方开展新型关系埋下隐患，也从根本上限制了美塔关系的高度。

【关键词】 美国；阿富汗塔利班；美阿关系；阿富汗变局

---

* 本文是中国人民大学科学研究基金（中央高校基本科研业务费专项资金资助）项目"欧亚地缘变局对上海合作组织的影响及应对研究"（项目编号：23XNH045）阶段性成果。感谢《世界政治研究》匿名审稿人评审意见，作者文责自负。

** 潘子阳，中国人民大学国际关系学院博士研究生。

2001年的“9·11”恐怖袭击事件后，美国战略重心从应对大国崛起调整为打击恐怖主义，并高调介入、干预阿富汗问题。小布什政府联合北方联盟（Northern Alliance）推翻了塔利班政权，扶持建立了阿富汗前政府。[①] 由于阿富汗战争消耗巨大，分散了美国的战略资源，不利于其推行大国战略竞争，与此同时，塔利班进行组织重组后，表现出较强的社会动员力，与阿富汗前政府的腐败无能形成鲜明对比，美国认识到其再也无法通过军事手段消灭塔利班。奥巴马政府开始与塔利班进行接触，特朗普政府与塔利班进行和平谈判及签署和平协议，拜登政府履行了和平协议、完成了撤军行动。在大国战略竞争时代，美国为了加速从阿富汗抽身，抛弃了盟友阿富汗前政府，这直接导致塔利班重新掌权。塔利班上台之初，采取了相对温和的开明政策，然而其社会治理政策日益呈现出保守化趋势，与国际社会的期待存在一定的差距。由此，在美国因素的综合影响下，塔利班从失去政权到重新执政，阿富汗政治格局也迎来了二十年未有之大变局。

## 一　既有研究成果述评

关于美国对塔利班政策的缘起、演变及走势，现有研究主要以“9·11”事件为时间节点：“9·11”事件前，阿富汗不是美国对外政策的重点，美国不存在系统的塔利班政策；“9·11”事件后，美国将反恐作为其国家安全战略的优先事项，阿富汗是其反恐战争及反恐战略的关键一环。美国与塔利班历经了二十多年的战略互动，双方的博弈深刻影响了阿富汗问题的基本走向。现有研究一方面重点讨论了“9·11”事件后美国四届政府的塔利班政策，另一方面分析认为美国的塔利班政策还受到美国安全威胁认知、美国军事行动及塔利班演变等因素影响。

第一，“9·11”事件前美国缺乏成体系的塔利班政策。冷战结束后，美国在阿富汗陷入了战略空窗期，尽管美国与塔利班存在一定的战略互动，但美国不存在系统的对塔利班政策。20世纪末，塔利班平息了阿富汗的军阀混战，建立了教法治国的伊斯兰政权，与美国就石油开发、人道主义和“基地”组织（Al-Qaeda）问题展开互动。这一时期的美塔博弈主要集中在塔利班的承认问题，塔利班希望获得国际社会的承认，美国则要求塔利班交出本·拉登（Osama Bin

① 为了行文一致，除各级标题外，正文内容将“阿富汗塔利班”简称为“塔利班”，“阿富汗伊斯兰共和国政府”简称为“阿富汗前政府”。

Laden)且不再庇护“基地”组织，双方没有达成共识。由于美国在阿富汗没有重大的国家利益，克林顿政府又面临国内舆论和人道主义压力，遂放弃了与塔利班的石油合作，采取了强硬的对塔政策。①

第二，关于“9·11”事件后美国历届政府的塔利班政策。一是美国对塔利班的军事打击阶段。“9·11”事件后，美国发动反恐战争推翻了塔利班政权。美国没有剿灭塔利班的残余势力，并将塔利班排除在阿富汗政治重建外，失去了与塔利班和解的最佳时机。② 二是美国对塔利班的边打边谈阶段。奥巴马政府提倡“软实力”(soft power)外交理念，实施“阿富巴战略”，强调对塔利班的倾听与接触。奥巴马政府将塔利班视为可与之谈判的叛乱分子，而非坚决打击的恐怖分子，这就变相承认了塔利班的政治地位，为美塔后续接触扫清了政治障碍。由于美国并未放弃在阿富汗的军事存在，美塔接触没有取得实质性突破。③ 三是美国与塔利班的和平谈判及和平协议阶段。特朗普政府“阿富汗和南亚战略”的核心是政治和解，美国先是试图武力压服塔利班但效果不佳，后全面推行与塔利班的和平谈判。然而，美国绕开阿富汗前政府进行“越顶外交”(overhead diplomacy)，这就打击了阿富汗前政府权威，赋予塔利班合法性。④ 四是拜登政府

① Shah M. Tarzi, “Coercive diplomacy and an ‘irrational’ regime: Understanding the American confrontation with the Taliban,” *International Studies*, vol. 42, no. 1, 2005, pp. 21 - 41; Juergen Kleiner, “Diplomacy with Fundamentalists: The United States and the Taliban,” *The Hague Journal of Diplomacy*, vol. 1, no. 3, 2006, pp. 209 - 234; Jonathan Cristol, *The United States and the Taliban before and after* 9/11, Cham: Springer, 2018; Anthony Teitler, *US Policy Towards Afghanistan*, 1979 - 2014, London and New York: Routledge, 2020.

② 钱文荣:《布什的反恐战略思想与布什主义》,《和平与发展》2002年第4期，第1—4页；贾丽红:《阿富汗战争和伊拉克战争中的美国大战略分析(2001—2004)》，北京：中央编译出版社2013年版；刘阿明:《布什主义与新帝国论》，北京：时事出版社2005年版；詹姆斯·曼:《布什战争内阁史》，韩红、田军、肖宏宇译，北京：北京大学出版社2007年版；鲍勃·伍德沃德:《布什的战争》，上海美国研究所、上海市美国学会译，上海：上海译文出版社2003年版。

③ 张家栋:《美国阿富汗战略的走势》,《现代国际关系》2011年第3期，第37—42页；陈小茹:《“后拉登时代”驻阿富汗美军战略调整初探》,《南亚研究》2011年第3期，第40—52页；王世达:《美国全面调整阿富汗政策及其影响》,《南亚研究》2012年第2期，第13—28页；张力:《阿富汗撤军与善后：美国的政策权衡与不确定因素》,《南亚研究季刊》2014年第1期，第1—8页；何明:《奥巴马时代美国阿富汗战略的回顾》,《南亚研究》2016年第4期，第115—136页；四川大学南亚研究所课题组主编:《阿富汗：后冲突时期的稳定与重建》，北京：时事出版社2015年版；鲍勃·伍德沃德:《奥巴马的战争》，刘海青、周蕊译，北京：法律出版社2012年版。

④ 郑海琦:《特朗普政府阿富汗战略调整的动因与前景》,《国际论坛》2019年第5期，第41—51页；何明:《在民族国家和伊斯兰世界帝国之间选择的困惑——对美、塔利班谈判破裂的另一种解读》,《社会科学》2019年第12期，第33—41页；朱永彪、苗肖阳:《特朗普政府的阿富汗战略评析》,《当代世界》2020年第5期，第30—35页；田光强:《“以退为进”：特朗普政府阿富汗战略转型的逻辑》,《河北师范大学学报》(哲学社会科学版)2021年第2期，第126—133页；申玉辉:《特朗普时期的美塔和谈与阿富汗政治和解》,《南亚研究季刊》2020年第3期，第89—96页；张东顺:《浅析美国与塔利班和平协议的签署》,《南亚研究季刊》2020年第3期，第97—104页。

履行和平协议及全面撤军阶段。为了进一步推动国家安全战略的大国战略竞争转向，拜登政府秉持撤军与阿富汗内部谈判脱钩的原则，提出美国版阿富汗和平方案，向阿富汗前政府施压，对塔利班进一步妥协，从阿富汗全面撤军，最终导致阿富汗前政府倒台及塔利班重新执政。①

第三，从影响因素来讨论“9·11”事件后美国的塔利班政策。一是从安全威胁认知的视角来考察美国的塔利班政策。美国国内政治精英就反恐战争走向展开过辩论，“9·11”事件后，政治精英夸大了阿富汗的恐怖主义威胁，美国推行反叛乱政策（counter insurgency，COIN），打击塔利班的中兴势头；随着反恐战争长期化，军事介入的成本持续上升，政治精英对阿富汗的恐怖主义威胁认知逐渐流散，美国积极推动与塔利班的和平谈判，退出非对称的反恐战争。② 二是从阿富汗军事行动的框架下讨论美国的塔利班政策。美国与塔利班的互动是决定美国阿富汗政策走向的关键要素，既有研究更多聚焦美国在阿富汗的军事行动，即发动反恐战争推翻塔利班政权、大规模增兵打压塔利班势头和全面撤军对塔利班妥协，即美国如何从军事遏压转向外交接触。③ 三是从塔利班的组织演变中考察美国的塔利班政策。塔利班“下野”后进行了组织机构的重组，形成了多中心的权力结构，采取了灵活多变的斗争策略。塔利班表现出坚强的抵抗意志，以普什图人和阿富汗农民的利益为代表，不断挤压美国的政策空间，誓言不与美国傀儡政权阿富汗前政府谈判。与此同时，塔利班内部温和派

---

① 王世达：《“美国撤军之后阿富汗形势走向”研讨会综述》，《现代国际关系》2021 年第 7 期，第 59—61 页；张帆：《美国的阿富汗退出战略探析》，《当代美国评论》2021 年第 4 期，第 37—53 页；李绍先、滕建群、牛新春、崔洪建、赵明昊：《阿富汗命运转折与国际格局展望》，《国际经济评论》2021 年第 6 期，第 9—25 页；胡晓、潘子阳：《战略两难与多重平衡：美国阿富汗政策调整的逻辑》，《新疆大学学报》（哲学社会科学版）2022 年第 3 期，第 36—47 页；王娟娟：《拜登政府“脱身”阿富汗：过程解构、影响与未来走向》，《国际关系研究》2022 年第 5 期，第 114—135 页。

② 左希迎：《威胁流散与美国退出非对称战争》，《世界经济与政治》2018 年第 12 期，第 84—109 页；胡晓、潘子阳：《特朗普政府以来美国的阿富汗反恐战略的转向——基于新古典现实主义视角》，《印度洋经济体研究》2021 年第 5 期，第 63—90 页；C. William Walldorf，“Narratives and War：Explaining the Length and End of U. S. Military Operations in Afghanistan，” *International Security*，vol. 47，no. 1，2022，pp. 93 - 138。

③ 钱雪梅：《美国与阿富汗塔利班的关系》，《中国国际战略评论》2020 年第 1 期，第 135—148 页；刁大明：《总统角色、群体互动与美国的阿富汗战争决策》，《世界经济与政治》2022 年第 8 期，第 31—54 页；克雷格·惠特洛克：《阿富汗文件：美国在阿富汗战争中的谎言欺骗与真相》，陈小迁、张文斗译，北京：中信出版社 2022 年版；Sharifullah Dorani，*America in Afghanistan：Foreign Policy and Decision Making From Bush to Obama to Trump*，London and New York：I. B. Tauris，2019；Carter Malkasian，*The American War in Afghanistan：A History*，New York：Oxford University Press，2021。

与激进派之争，以及塔利班领导人的变更，都影响了美国对塔利班政策的实施效果。①

整体而言，现有研究较为充分地反映了美国对塔利班政策的基本样貌。“9·11”事件前，美国与塔利班在本·拉登的庇护以及外交承认问题上存在重大分歧，最终走向敌对；“9·11”事件后，美国的塔利班政策大致经历了从军事遏压到外交接触的转变。美国对塔利班的政策还受到多重因素影响，包括美国对恐怖主义的威胁认知、阿富汗战争的进程以及塔利班的重组和再兴。然而，现有研究仍未充分厘清美国政策中的关键问题。一是没有全面、系统地讨论美国的塔利班政策及其转折；二是没有准确评估美国政策的基本特征和实施效果；三是没有分析研判后撤军时代美国政策的基本走势。梳理分析以上问题有助于总结美国在阿富汗反恐战争中的成败得失，可以更好地把握后撤军时代的美塔互动。综上所述，既有研究从多个视角剖析了美国的塔利班政策，为本研究的开展打下了较为坚实的基础，但仍存在继续探索的空间。

## 二 美国对阿富汗塔利班政策的缘起

塔利班自 20 世纪末诞生以来，一直深刻塑造着阿富汗问题的基本走向。在苏联阿富汗战争结束后，美国政府认为阿富汗失去了战略上的利用价值，遂断绝了对阿富汗“圣战”（Jihad）的支持，美国的阿富汗政策也进入了一段空窗期。塔利班运动兴起后，美国政府在油气公司和国内人权运动的影响下，与塔利班进行了有限互动。由于塔利班推行一系列倒退政策，使其自绝于国际社会，更由于其包庇“基地”组织及其头目本·拉登，导致了美国与塔利班走向彻底决裂。

### （一）阿富汗塔利班的诞生

塔利班的诞生是为了结束阿富汗旷日持久的内战，它以消除腐败和结束军阀

① Zafar Iqbal Yousafzai, *The Troubled Triangle: U. S. -Pakistan Relations under the Taliban's Shadow*, London and New York: Routledge, 2021; Antonio Giustozzi, *The Taliban at war: 2001 – 2021*, London: Oxford University Press, 2022; Joshua Snider, “Taliban 2.0 and US National Security Policy in Afghanistan,” *Journal of Asian Security and International Affairs*, vol. 9, no. 3, 2022, pp. 402 – 423.

混战为目标。[①] 塔利班运动承诺给这个饱受战争蹂躏的国家带来稳定、安全与和平，该运动还得到宗教学者发布的伊斯兰法令（Fatwah）的背书。[②] 1992 年，苏联扶植的社会主义政权倒台后，阿富汗陷入了各派势力厮杀的军阀混战中，人民生活在水深火热之中。在这种形势下兴起的塔利班，高举"铲除军阀、恢复和平、重建家园"的旗帜，得到了阿富汗人民的普遍支持。[③] 塔利班在草创时期便拟定了一个以"救国救民"为宗旨的行动准则："建立和平环境、解除军阀武装、确保教法统治、捍卫领土统一和伊斯兰教的地位。时至今日，这个章程仍然是塔利班解决阿富汗问题的基本纲领。"[④] 1996 年，塔利班攻占首都喀布尔，并占领了阿富汗的大部分领土，建立了政教合一的阿富汗伊斯兰酋长国。

塔利班第一次建立政权的原因主要有两个方面：一方面，阿富汗军阀混战，人民渴望和平，塔利班承诺为人民带来基本的安全保障；另一方面，塔利班利用了特殊的地缘政治现实，尤其是得到了美国和巴基斯坦的暗中支持。值得注意的是，美国之所以支持早期的塔利班运动，是为了打压俄罗斯和伊朗在阿富汗的影响力，阻遏与俄罗斯有联系的北方联盟在阿富汗境内的扩张。[⑤] 塔利班第一次执政时期的低效治理和倒退政策，使得该政权彻底失去了国际承认的机会。塔利班政权实施了较为严苛的妇女政策，俨然使阿富汗回到了狂热神

---

① 在阿拉伯语中，学生的单数形式为塔里布（Talib），学生的复数形式即一群学生就是塔利班（Taliban）。塔利班的早期成员主要来自阿巴难民营的伊斯兰学校学生，故又称"伊斯兰学生军"，其组织成员大多具有贫困的普什图族农村背景。从 1996 年至 2001 年，塔利班控制了阿富汗约四分之三的领土，称为"塔利班第一次执政时期"。2001 年"9·11"事件后，美国发动阿富汗反恐战争推翻塔利班政权。2021 年 8 月 15 日，塔利班推翻阿富汗伊斯兰共和国，建立阿富汗临时政府，称为"塔利班第二次执政时期"。参见闫伟：《塔利班崛起的历史逻辑》，《现代国际关系》2021 年第 8 期，第 1—8 页；何明：《塔利班政权的兴亡及其对世界的影响》，上海：华东师范大学出版社 2005 年版；里亚兹·穆罕默德·汗：《阿富汗和巴基斯坦：冲突·极端主义·抵制现代性》，曾祥裕、赵超兰、孟雪译，北京：时事出版社 2014 年版；艾哈迈德·拉希德：《塔利班：宗教极端主义在阿富汗及其周边地区》，钟鹰翔译，重庆：重庆出版社 2015 年版；黄逢春、曾祥裕、陈枫：《2014—2020 年的阿富汗局势发展与武装势力相互关系》，北京：国际文化出版社 2021 年版；William Maley, *Fundamentalism Reborn? Afghanistan and the Taliban*, New York: New York University Press, 1998; Hassan Abbas, *The Taliban Revival: Violence and Extremism on the Pakistan-Afghanistan Frontier*, New Haven and London: Yale University Press, 2014。Hassan Abbas, *The Return of the Taliban: Afghanistan after the Americans Left*, New Haven: Yale University Press, 2023, p. 252.

② Griffin, *Reaping the Whirlwind: Afghanistan, Al Qaida and the Holy War*, London: Pluto Press, 2003.

③ 金宜久：《伊斯兰与国际政治》，北京：中国社会科学出版社 2013 年版，第 352—368 页。

④ 艾哈迈德·拉希德：《塔利班：宗教极端主义在阿富汗及其周边地区》，钟鹰翔译，重庆：重庆出版社 2015 年版，第 9 页。

⑤ 许涛：《中亚地缘政治沿革：历史、现状与未来》，北京：时事出版社 2016 年版，第 376 页。

权统治的中世纪。[1] 在阿富汗国内，其一，塔利班以教法治国，忽视了妇女权益，迫害政治反对派和少数民族；其二，北方联盟仍然有一战之力，艾哈迈德·沙阿·马苏德（Ahmad Shah Massoud）有将近 8000 人的武装部队盘踞在巴达赫尚省、潘杰希尔谷地和阿富汗中部地区；其三，阿富汗的经济发展严重滞后，罂粟种植泛滥成灾，并且联合国安理会 1999 年通过的第 1267 号决议，对塔利班和“基地”组织实施经济制裁。在国际上，由于塔利班政权实施一系列的倒退政策，而且还为本·拉登的“基地”组织提供庇护，导致了塔利班逐渐失去了沙特的支持，并且引起了俄罗斯、伊朗和中亚国家的敌视，此外塔利班还强硬拒绝了美国引渡本·拉登的请求。由此，塔利班政权较为极端的内外政策使其自绝于国际社会。

### （二）“9·11”事件之前的美塔互动

美国与塔利班的关系起始于阿富汗的军阀混战，塔利班运动甫一兴起美塔就展开互动。冷战后期，美国曾扶持阿富汗“圣战士”（Mujahedin）对抗苏联的入侵。[2] 老布什政府时期有美国政府官员认为，阿富汗没有充足的石油储备，也不位于波斯湾，其本身并不关涉美国重要的国家利益。自苏联撤军后，阿富汗便失去了大国竞争上的利用价值。基于现实政治的考量，美国可以接受除了社会主义之外的任何阿富汗政权。[3] 从 1994 年开始，美国政府对于阿富汗新兴的塔利班运动采取了支持态度，并借助地区盟友沙特和巴基斯坦支持塔利班。一是出于经济利益，美国政府支持本国石油公司开发中亚里海的油气资源，其目的是打破俄罗斯对于中亚油气资源的垄断，削弱俄罗斯的地缘政治影响力；二是出于政治利益，美国政府认为塔利班代表了普什图人利益，持有亲西方国家立场，仇视伊朗和什叶派，但选择性忽略塔利班的原教旨主义属性。[4] 1995 年，美国优尼科石油公司与土库曼斯坦签订了土库曼—阿富汗—巴基斯坦的油气管线协定。当时阿

---

① Robert D. Crews and Amin Tarzi, *The Taliban and the Crisis of Afghanistan*, Cambridge, MA: Harvard University Press, 2008, p. 8.

② 阿富汗圣战士直译为“穆贾希丁”（Mujahedin），一般代指苏联入侵阿富汗时期的反苏力量，他们有若干党派，各自为战。参见钱雪梅：《阿富汗政治和解的困局与前景》，《外交评论（外交学院学报）》2021 年第 1 期，第 101 页。

③ Elaine Sciolino, “To U. S. , Afghanistan Seems to Move Farther Away,” February 12, 1989, https://www.nytimes.com/1989/02/12/weekinreview/the-world-to-us-afghanistan-seems-to-move-farther-away.html.

④ 《揭秘美国政府与塔利班的关系》，《文汇报》2015 年 1 月 5 日，T07 版。

富汗已陷入军阀混战，在 1995 年夏秋期间，塔利班发动了“进军喀布尔”战役，很快控制了全国大部分领土，塔利班重整秩序为修建油气管线提供了可能。优尼科石油公司积极游说美国政府并向巴基斯坦政府施加压力，希望敦促拉巴尼（Burhanuddin Rabbani）政权与塔利班进行和谈，早日恢复阿富汗秩序。

1997 年之后，美国对塔利班的态度发生了转变。“塔利班在输气管竞争中对非美国的布里达斯公司的偏爱、其不合时宜的妇女政策、拒绝与反对派和伊朗温和派政府妥协、鼓励毒品生产的立场等，都使华盛顿烦恼。”① 尤其是美国国内政治发挥了重要作用，主要表现为美国女性选民对塔利班政权的反对。克林顿总统深陷莱温斯基事件的丑闻之中，女性选民的支持是克林顿夫妇逃过口诛笔伐并赢得 1996 年总统大选的重要原因。克林顿的另一重要支持者，好莱坞明星也纷纷声讨塔利班。1997 年 11 月 18 日，美国国务卿马德琳·奥尔布赖特（Madeleine Albright）访问巴基斯坦，当被记者问及美国为什么不承认塔利班时，她对塔利班提出了强烈批评：“我们反对塔利班的原因是显而易见的。由于塔利班对待人权的态度，他们卑鄙地对待妇女和儿童，藐视人的尊严。”②

实际上，本·拉登及“基地”组织因素加剧了美国对塔利班的敌视。1998 年 2 月，客居阿富汗的本·拉登发布宗教法令，鼓动穆斯林“杀死美国人及其盟友”。同年 8 月 7 日，“基地”组织策划对美国驻肯尼亚和坦桑尼亚大使馆发动恐怖袭击，共造成 224 人死亡，其中包括美国驻肯尼亚大使馆总领事等 12 名美国人。③ 事发之后，美国要求塔利班交出幕后黑手本·拉登未果。8 月 20 日，美国向位于阿富汗东部的“基地”组织训练营发射 75 枚巡航导弹，但未能给“基地”组织造成实际损失。之后，美国优尼科石油公司的油气管道计划也宣告破产。塔利班希望得到美国承认的愿望彻底破产，并遭到进一步的国际孤立，美国加大了对北方联盟的扶持力度。2000 年 10 月 12 日，美国海军驱逐舰“科尔号”在也门亚丁港遭遇“基地”组织自杀式袭击，共造成 17 名美军死亡。④ 美

---

① 黄民兴：《阿富汗问题的历史嬗变》，北京：中国社会科学出版社 2013 年版，第 276 页。

② William Maley, *Fundamentalism Reborn? Afghanistan and the Taliban*, New York: New York University Press, 1998, p. 90.

③ 《美国驻非洲肯尼亚与坦桑尼亚的使馆被炸弹袭击》，搜狐网，http://news.sohu.com/56/39/news146563956.shtml。

④ 《美军击毙 2000 年科尔号军舰遇袭爆炸案一主谋》，美国之音（中文版），https://www.voachinese.com/a/us-yemen-20190106/4731085.html。

国要求塔利班交出“基地”组织头目本·拉登，再一次遭到拒绝，美国将塔利班列为支持恐怖主义组织，并采取经济制裁。直到2001年“9·11”事件的发生，才使得美国下定决心发动针对塔利班的反恐战争。

塔利班政权不惜与美国敌对，却一再庇护本·拉登的原因在于以下三点。第一，作为阿富汗主人的塔利班，必须为所谓的客人本·拉登提供庇护。根据阿富汗通行的道德和行为准则普什图瓦里（Pashtunwali），主人必须为客人提供庇护，这被视为普什图社会的荣誉。[①] 本·拉登曾积极投身于阿富汗的抗苏战争，在阿富汗有一定的威望，所以塔利班不能出卖自己并肩作战的战友。第二，塔利班在被国际社会孤立后，与“基地”组织结成攻守同盟。本·拉登巧妙地利用自己的财富和“圣战”威望，并通过“基地”组织向塔利班提供经济、军事援助。作为交换，“基地”组织获准在阿富汗开办恐怖分子训练营，塔利班则保护拉登的人身安全，为“基地”组织的毒品生意提供便利。换言之，拉登向塔利班政权提供物资援助，而塔利班则为其提供安全保护，双方结成了罪恶的共生体。[②] 第三，塔利班逐渐被本·拉登影响，甚至是受到其牵制。一方面，塔利班被“基地”组织的极端思想洗脑，将“圣战”视作建立纯洁伊斯兰国家的工具；另一方面，塔利班高层被“基地”组织的“银弹攻势”收买，拉登的外籍武装渗透到塔利班的军事体系中。[③]

## 三　美国对阿富汗塔利班政策的演变及特征

自“9·11”事件以来，在美国这一最重要的域外大国因素作用下，阿富汗发生了两次政权更迭。小布什政府时期，美国用武力推翻了塔利班政权，并将塔利班排除在阿富汗政治重建之外。奥巴马政府时期，美国收缩伊拉克反恐战线，将反恐重心聚焦于打击塔利班中兴势头及围剿“基地”组织，美国对塔利班以打促谈，总体上是打击为主、接触为辅。特朗普政府时期，美国政府采取交易型策略，在军事打击效果不彰后，加快与塔利班的和平谈判并签署和平协议。拜登

① 钱雪梅：《普什图社会的政治生活》，北京：中国社会科学出版社2019年版，第101页。

② 《阿拉伯媒体披露美国确定拉登罪证的密件（全文）》，央视网，http：//2008. cctv. com/special/161/4/17271. html。

③ 何明：《塔利班政权的兴亡及其对世界的影响》，上海：华东师范大学出版社2005年版，第74—77页。

政府基本延续了特朗普达成的美塔和平协议，在 8 月 31 日前完成全面撤军，完成了始于奥巴马政府的阿富汗战略收缩。

**（一）“重打弃谈”的小布什政府**

小布什总统深受新保守主义影响，组建了以“火神派”（vulcans）为核心的战争内阁（war cabinet），从决策层面奠定了极端强硬的塔利班政策。① 2001 年 9 月 20 日，小布什总统在美国国会参众两院的讲话中指出：塔利班包庇“基地”组织，任何国家要么与美国共同反恐，要么与恐怖分子沆瀣一气。② 这就引出了小布什主义的核心原则：向美国的敌人宣战；不区分恐怖分子及其庇护政权；直面美国安全威胁；推广自由民主。③ “火神派”奉行单边干涉的有效性，把发动阿富汗反恐战争、推翻塔利班政权作为其国家安全战略的试金石。一是美国将塔利班定性与恐怖分子勾结的支恐政权，这就从法理上否决了与塔利班谈判的方案；二是新保守主义重视对“失败国家”（failed state）进行民主改造，有意将阿富汗打造为大中东地区的“民主示范区”。

第一，美国用武力手段推翻塔利班政权。“9·11”事件之后，美国组建国际反恐联盟，推动对塔利班和“基地”组织的军事打击。一方面，美国主要依靠坚定反塔的北方联盟；另一方面，美国还与阿富汗南部的反塔利班普什图人进行合作，其中就包括与塔利班有杀父之仇的哈米德·卡尔扎伊（Hamid Karzai）。④ 2001 年 10 月 7 日，美英联军空袭塔利班，标志着“持久自由行动”（Operation Enduring Freedom）的打响。同年 12 月 7 日，卡尔扎伊的军队正式占

---

① 所谓“火神”是指古罗马的火、货币与金属锻造之神，象征着权力、顽强、坚韧和耐久精神。詹姆斯·曼将小布什的战争内阁比喻为“火神派”，其成员信奉单边干涉的极端重要性，试图运用美国强大的军事力量来护持其单极霸权。“火神派”的主要成员有小布什政府的副总统迪克·切尼（Dick Cheney）、国家安全顾问康多莉扎·赖斯（Condoleezza Rice）、国防部长唐纳德·拉姆斯菲尔德（Donald Rumsfeld）、国务卿科林·鲍威尔（Colin Powell）、国防部副部长保罗·沃尔福威茨（Paul Wolfowitz）、国防政策咨询委员会委员里查德·珀尔（Richard Perle）和副国务卿理查德·阿米蒂奇（Richard Armitage）。参见詹姆斯·曼：《布什战争内阁史》，韩红、田军、肖宏宇译，北京：北京大学出版社 2007 年版。

② George W. Bush, “Address to a Joint Session of Congress and the American People,” September 20, 2001, https://georgewbush-whitehouse.archives.gov/news/releases/2001/09/20010920-8.html.

③ Ionut Popescu, *Emergent Strategy and Grand Strategy: How American President's Succeed in Foreign Policy*, Baltimore: Johns Hopkins University Press, 2017, pp. 145-164.

④ Griff Witte, “Afghanistan War: 2001-2014,” August 16, 2021, https://www.britannica.com/event/Afghanistan-War.

领塔利班政权首都坎大哈。①

第二，美国对塔利班残余势力的清剿力度不足。2003 年，美国在没有彻底剿灭塔利班和“基地”组织的情况下，又发动了伊拉克战争，匆忙将反恐战争的重心放在了西线的伊拉克，这导致美国对阿富汗的资源投入不足，美军只能有限地使用武力。塔利班则抓住时机，在阿巴边境完成了组织架构的重组、大打游击战。实际上，美国的军事行动既没有消灭塔利班领导人穆罕默德·奥马尔（Mohammad Omar），也没有扭转阿富汗日益恶化的安全形势。

第三，美国将塔利班排除出阿富汗政治重建进程。小布什政府的战争内阁强硬地拒绝了塔利班的接触尝试。2001 年 12 月 6 日，塔利班代表向阿富汗前政府领导人卡尔扎伊递交其领袖奥马尔的亲笔信，塔利班愿意放下武器以换取大赦，甚至放弃在阿富汗新政府中发挥作用。时任美国国防部长拉姆斯菲尔德（Donald Rumsfeld）强硬地拒绝了这一请求，宣称“既不会达成谈判解决方案，也不会实施大赦”。② 2002 年，塔利班代表再次接触美国扶持的阿富汗前政府，卡尔扎伊政府希望与塔利班进行和平谈判，但美国逮捕了包括塔利班前外长在内的塔利班谈判代表。③

深受新保守主义影响的小布什总统及其战争内阁，深信武力的强制作用，拒绝与塔利班妥协，这就使得美国丧失了接触塔利班温和派、结束阿战的最佳时机。与此同时，美国将战略重心转移至伊拉克战场，对塔利班采取了经济而有限的军事方针，塔利班便趁机在阿巴边境实现了组织重组。各方忽视了阿富汗普什图人的利益，没有利用好宝贵的分化、改造塔利班的机会，导致了美塔冲突长期化，为美国在阿富汗的“战略溃败”埋下隐患。

### （二）“重打轻谈”的奥巴马政府

奥巴马总统反对小布什政府的新保守主义，在打击“基地”组织等恐怖分子的同时，并不排斥与塔利班的接触。奥巴马政府扭转了小布什政府对塔利班的

---

① 朱永彪：《9·11 之后的阿富汗》，北京：新华出版社 2009 年版，第 13—18 页。

② Barnett Rubin, “An Open Letter to the Taliban: An American Who Helped Open Secret Negotiations with the Group Calls for Them to Accept a Ceasefire and Peace Talks with the Afghan Government,” February 27, 2018, https://www.newyorker.com/news/news-desk/an-open-letter-to-the-taliban.

③ James Dobbins and Carter Malkasian, “Time to Negotiate in Afghanistan,” *Foreign Affairs*, vol. 94, no. 4, 2015, pp. 53 – 57.

话语范式，以“海外紧急军事行动”取代过去的“全球反恐战争”，认为塔利班是阿富汗的叛乱组织而非恐怖组织，这就扫清了双方接触的政治障碍。奥巴马政府内部围绕其塔利班政策展开辩论。美国国防部和阿富汗前线将领均主张大规模增兵，不设定撤军“时间表”。[①] 副总统拜登等“文官幕僚小组”主张减少驻军，并与塔利班谈判。拜登在写给奥巴马总统的备忘录中指出：一是美国在阿富汗的根本任务是打击“基地”组织，而不是推进国家建设（state-building）；二是塔利班是普什图社会结构的一部分，美国没有办法击败塔利班；三是塔利班不寻求建立哈里发国，不会对美国构成威胁；四是即便塔利班重新掌权，也不会邀请“基地”组织重返阿富汗。[②] 奥巴马总统平衡了两派主张，第一任期听从军方高层的军事遏压主张，打击塔利班中兴势头，第二任期转为撤军，推动与塔利班的有限接触。

第一，美国企图分化塔利班与“基地”组织。自奥巴马政府上台以来，美国开始将塔利班与“基地”组织区分开来。2009 年 3 月 27 日，奥巴马总统发表了《关于阿富汗和巴基斯坦战略》讲话：一是奥巴马同意向阿富汗增派 17000 名士兵，将美国全球反恐战线重心转移到阿富汗；二是美国支持与塔利班及其他叛乱组织达成和解；三是美国的政策目标是消灭、击败阿富巴地区的“基地”组织。[③] 奥巴马政府将反恐重心放在打击“基地”组织上，并且重视“软实力”在反恐中的作用。

第二，美国加大对塔利班的军事打击力度。2008 年以来塔利班呈现中兴势头，奥巴马政府加速从伊拉克抽身、将反恐重心放在阿富汗战场，企图通过强有力的军事手段在短期内打击塔利班的崛起势头。2009 年 12 月 1 日，奥巴马总统在西点军校就“阿富巴战略”发表讲话，承诺在 6 个月内向阿富汗增派 3 万名美军，同时规划了撤军“时间表”。[④] 大规模增兵计划是为美国“脱身”服务，2010 年美国驻军规模超过 10 万人。然而，美国的反叛乱行动成本高昂、不可持

---

① Jonathan Alter, *The Promise: President Obama, Year One*, New York: Simon & Schuster, 2010, pp. 363 – 394.

② Jules Witcover, *Joe Biden: A Life of Trial and Redemption*, New York: William Morrow, 2010, pp. 462 – 463.

③ Ishtiaq Ahmed, “The U. S. Af-Pak Strategy: Challenges and Opportunities for Pakistan,” *Asian Affairs: An American Review*, vol. 37, no. 4, 2010, pp. 194 – 195.

④ Barack Obama, “Remarks by the President in Address to the Nation on the Way Forward in Afghanistan and Pakistan,” December 1, 2009, https://obamawhitehouse.archives.gov/the-press-office/remarks-president-address-nation-way-forward-afghanistan-and-pakistan.

续。仅2010年包括美国在内的国际联军共死亡711人，打破了2009年521人的纪录，也是20年阿富汗战争联军死亡人数最多的一年。[①]

第三，美国对塔利班政策方针转向“打谈结合”。为了早日结束军事行动及体面撤军，美国改变以打促谈策略：一是默许阿富汗前政府与塔利班的接触，支持卡尔扎伊政府的“阿富汗和平与重返社会方案”（The Afghanistan Peace and Reintegration Program，APRP）；二是美国积极推动联合国解除对部分塔利班领导人的制裁，并在2010财年的美国国防预算拨出13亿美元用于塔利班成员的重返社会计划；[②] 三是美国向巴基斯坦政府施压，让巴方逼迫塔利班与阿富汗前政府进行直接谈判及对话，巴基斯坦在推动美塔接触中发挥重要作用。2010年，美国阿富汗和巴基斯坦问题特使理查德·霍尔布鲁克（Richard Holbrooke）会见了塔利班代表。这标志着美塔双方建立了直接沟通渠道。

然而，美国与塔利班的接触效果不佳。塔利班拒绝与阿富汗前政府谈判，并将美国撤军作为谈判的前提条件。塔利班发言人优素福·艾哈迈迪（Qari Yousef Ahmadi）称，塔利班接受谈判的条件包括：立即撤出所有外国军队，完全执行伊斯兰教法。[③] 奥巴马政府和阿富汗前政府的谈判条件是：停火、遵守阿富汗宪法并接受现政体、与恐怖组织断绝联系。实际上，奥巴马政府只是转变了驻阿美军职能，没有实现真撤军。尤其是美国与阿富汗前政府签署《美阿战略伙伴关系协定》以及《美阿双边安全协定》，扫清了美国在阿富汗继续驻军的法理障碍。

奥巴马政府的军方高层与文官幕僚存在严重分歧，使得美国的塔利班政策在军事打击与接触谈判之间“摇摆”，但仍以军事遏压为主。美国在阿富汗实施大规模增兵的反叛乱战略，打击塔利班强硬派势头和“基地”组织。与此同时，积极分化塔利班与“基地”组织，争取同塔利班温和派谈判，减小美国的对立面。美国推行带有“软权力”色彩的塔利班政策，对塔利班的军事打击及外交接触效果不佳，但是标志其开启了在阿富汗的退出进程。

---

① “Afghanistan Fatalities Details,” http://icasualties.org/.

② Ed Hornick, “U.S. Set to Pay Taliban Members to Switch Sides,” October 29, 2009, http://edition.cnn.com/2009/POLITICS/10/28/afghanistan.taliban.pay/index.html.

③ Chris Morris, “What Chance Afghan Peace Talks?” September 25, 2007, http://news.bbc.co.uk/2/hi/south_asia/7011986.stm.

### （三）“重谈轻打”的特朗普政府

特朗普在总统竞选和执政期间一再重申：“伟大的国家不会打‘永远的战争’（forever war）。”[①] 由于缺乏执政经验，特朗普总统执政初期的政策受到国防部部长詹姆斯·马蒂斯（James Mattis）、国家安全事务助理赫伯特·麦克马斯特（Herbert McMaster）等军方高层的塑造，在2017年到2019年间小幅增加驻阿美军规模，加大了对塔利班的军事打击力度。同时，随着自身统治的稳固，特朗普总统在阿富汗问题上形成以自身为主导的决策层，极力推行美塔和谈及阿富汗和平进程。麦克马斯特试图提高国家安全委员会的话语权，将阿富汗问题拉回正轨，这就回到了增兵反叛乱的老路，遭到特朗普总统辞退。[②] 接替麦克马斯特的约翰·博尔顿（John Bolton）与特朗普同属传统保守势力，但是在塔利班问题上与总统分歧较大。博尔顿强烈反对美塔和谈，希望以绝对实力压服塔利班，继续维持美国在阿富汗的战略主导，最终遭到总统解雇。由此，特朗普总统成功排除“异己势力”，确立了自身在塔利班政策上的主导地位。

第一，美国增兵阿富汗，对塔利班“以打促谈”。2017年8月21日，特朗普总统发表《阿富汗和南亚战略》讲话，明晰了美国对塔利班政策的方针：放弃从军事上击败塔利班，转而逼迫塔利班回到谈判桌。[③] 在军方的压力下，特朗普政府前期重视军事手段的使用，“以打促谈”是逼迫塔利班与美国进行和平谈判。作为对特朗普新战略的回应，2018年2月，塔利班在致美国人民的公开信中指出：一是塔利班一直希望与美国政府进行和平谈判，但拒绝与美国的傀儡政权阿富汗前政府谈判；二是塔利班治下的阿富汗不会成为恐怖分子的“避风港”（terrorist safe haven），暗示将治理阿富汗的毒品问题；三是美国反恐战争劳民伤财，且美国扶持的阿富汗前政府腐败无能。[④] 2018年9月，特朗普总统任命美国

---

① Donald Trump, “Remarks by President Trump in State of the Union Address,” February 6, 2019, https://trumpwhitehouse.archives.gov/briefings-statements/remarks-president-trump-state-union-address-2/.

② 孙成昊、肖河：《白宫掌权者：美国国家安全委员会（1947—2019）》，北京：时事出版社2020年版，第261页。

③ Donald Trump, “Remarks by President Trump on the Strategy in Afghanistan and South Asia,” August 21, 2017, https://trumpwhitehouse.archives.gov/briefings-statements/remarks-president-trump-strategy-afghanistan-south-asia/.

④ “Taliban Addresses ‘the American People’ in Rambling Letter,” February 14, 2018, https://www.cbsnews.com/news/rambling-taliban-letter-addresses-the-american-people/.

驻联合国前大使扎尔迈·哈利勒扎德（Zalmay Khalilzad）为阿富汗和解事务特别代表。2018 年 6 月 9 日，塔利班宣布在开斋节期间实施为期 3 天的停火，这是自 2001 年以来阿富汗的首次停火。①

第二，美国与塔利班进行和平谈判及签署和平协议。自 2018 年 10 月开始，特朗普政府开启了与塔利班的和平谈判进程。② 2019 年 9 月 5 日，塔利班在喀布尔的袭击造成美军人员死亡，特朗普总统以此为由取消了原本定于 9 月 8 日在戴维营与塔利班的秘密会晤，并宣布取消和平谈判。这暴露了美塔双方在谈判的核心议程上陷入分歧，即撤军、停火与阿富汗内部对话的相互关系。③ 但是，美塔双方并没有关上谈判的大门。2019 年 12 月，哈利勒扎德与塔利班恢复会议，并就减暴行动进行谈判。④ 2020 年 2 月 29 日，美国与塔利班在多哈签署了《美国—塔利班和平协议》。公开文本的主题主要有：其一，塔利班承诺阿富汗不会对美国及其盟友构成安全威胁；其二，美国及北约联军在未来 14 个月内完成“分阶段撤军”计划；其三，塔利班承诺推进与阿富汗前政府的民族和平和解进程。⑤

第三，美国基本履行同塔利班的和平协议。美塔交易的核心内容就是美国撤军换取塔利班的反恐承诺，这标志着美国的塔利班政策完成根本性转变，美国彻底放弃军事手段，将撤军进程与阿富汗和平进程脱钩，且对塔利班的反恐承诺缺乏监督机制。特朗普总统在败选之后，更加不顾美国军方和建制派反对，强硬推进美国撤军进程。截至 2021 年 1 月 15 日，驻阿美军人数已缩减到 2500 人。⑥

特朗普政府前期面临军方高层的压力，一度在阿富汗小幅增兵，试图打击塔利班的崛起势头但效果不彰。与此同时，在阿富汗问题上逐渐形成以特朗普总统

---

① Michael R. Pompeo, “Statement On Afghan Government's Ceasefire Announcement,” August 19, 2018, https://2017-2021.state.gov/statement-on-afghan-governments-ceasefire-announcement/index.html.

② 张东顺：《浅析美国与塔利班和平协议的签署》，《南亚研究季刊》2020 年第 3 期，第 98 页。

③ 申玉辉：《特朗普时期的美塔和谈与阿富汗政治和解》，《南亚研究季刊》2020 年第 3 期，第 91 页。

④ Donald Trump, “Remarks by President Trump and President Ghani of Afghanistan After Bilateral Meeting | Bagram, Afghanistan,” November 28, 2019, https://trumpwhitehouse.archives.gov/briefings-statements/remarks-president-trump-president-ghani-afghanistan-bilateral-meeting-bagram-afghanistan/.

⑤ The U.S. Department of State, “Agreement for Bringing Peace to Afghanistan,” February 29, 2020, https://www.state.gov/wp-content/uploads/2020/02/Agreement-For-Bringing-Peace-to-Afghanistan-02.29.20.pdf.

⑥ Jim Garamone, “U.S. Completes Troop-Level Drawdown in Afghanistan, Iraq,” January 15, 2021, https://www.defense.gov/Explore/News/Article/Article/2473884/us-completes-troop-level-drawdown-in-afghanistan-iraq/.

为主导的决策层，特朗普极力推动美塔和谈和有序撤军，并将塔利班纳入阿富汗政治和解进程当中。然而，《美国—塔利班和平协议》绕过了阿富汗前政府，尤其是协议缺乏有效的执行监督机制，被国家安全事务前助理麦克马斯特称为美国对塔利班的“投降协议”。[①]

**（四）“轻谈弃打”的拜登政府**

从政策传统上，拜登总统一直是坚定的撤军派。2009 年阿富汗安全形势高度恶化，拜登作为时任副总统仍坚决反对军方的大规模增兵。2020 年《外交事务》杂志 3、4 月刊组织了“回家吧，美国?”（Come Home，America?）专栏，拜登作为民主党总统候选人发表《为什么美国必须再次领导世界》文章，严厉批评时任总统特朗普的外交政策，但是在塔利班政策上与特朗普保持高度一致，并指出：“我们应该撤回在阿富汗和中东战争中的绝大多数军队，并将我们的使命集中到击败‘基地’组织和‘伊斯兰国’。”[②] 拜登总统刚一上任，美国政治精英就围绕其塔利班政策展开辩论。美国军方高层和新自由保守主义者主张维持一定规模的驻阿美军，且撤军必须与阿富汗和平进程挂钩。[③] 另一派是建制派人士和主张战略克制的现实主义学者，该派呼吁美国遵守和平协议、按期撤军。反恐战争已经表明，军事干预只会引发反美主义情绪，并导致更多的恐怖袭击。[④] 面临两派的争论，拜登总统团结国务卿安东尼·布林肯（Antony Blinken）、国家安全事务助理杰克·沙利文（Jake Sullivan）等“自由主义鹰派”（Liberal Hawk），组建了立场相对一致的安全团队，掌握了阿富汗问题的决策主导权。[⑤] 由此，拜登总统强化了其在奥巴马政府时期业已形成的撤军基调，基本履行了特朗普政府时期签署的《美国—塔利班和平协议》，并推动塔利班与阿富汗前政府

---

① Herbert McMaster, “Stop Pretending Afghanistan Catastrophe is Anything but Utter Failure,” October 7, 2021, https://www.foxnews.com/opinion/biden-afghanistan-castastrophe-utter-failure-h-r-mcmaster.

② Joe Biden, “Why America Must Lead Again: Rescuing U.S. Foreign Policy After Trump,” *Foreign Affairs*, vol. 99, no. 2, 2020, p. 72.

③ USIP, “Afghanistan Study Group Final Report: A Pathway for Peace in Afghanistan,” February 2021, https://www.usip.org/sites/default/files/2021-02/afghanistan_study_group_final_report_a_pathway_for_peace_in_afghanistan.pdf.

④ Eugene Gholz, “Nothing Much to Do: Why America Can Bring All Troops Home From the Middle East,” June 24, 2021, https://quincyinst.org/report/nothing-much-to-do-why-america-can-bring-all-troops-home-from-the-middle-east/.

⑤ 张昭曦：《自由鹰派与拜登政府对华战略》，《现代国际关系》2022 年第 8 期，第 37—44 页。

的和平和解进程。

第一，美国履行全部撤军承诺，继续对塔利班“妥协”。上任之初，拜登政府对和平协议和美国阿富汗政策进行全面审查，考虑推迟“五一撤军”计划，将驻阿富汗美军留驻到 11 月。然而，拜登政府最后执意从阿富汗全部撤军。2021 年 4 月 14 日，拜登总统就阿富汗问题前景发表讲话，指出美国已经实现了阿富汗战争的两大目标：击毙“9·11”恐袭的幕后黑手本·拉登，使阿富汗不再成为恐怖分子“避风港”。随后他宣布美军和北约盟友将于 5 月 1 日开始有序撤离，并在 9 月 11 日前全部撤出。同年 8 月 30 日，最后一批美军撤出阿富汗。

第二，塔利班上台之前，美国曾推动塔利班与阿富汗前政府的和平和解进程。根据媒体曝光的美国国务卿布林肯致阿富汗前政府的信件及美国草拟的《阿富汗和平协议》，规划了拜登政府构想的阿富汗政治安排。① 其一，美国设想将塔利班纳入阿富汗过渡政府，由阿富汗前政府与塔利班联合执政，过渡和平政府将在双方达成政治和解后成立；其二，不断向阿富汗前政府施压，让其维持内部团结并向塔利班“妥协”，加快阿富汗和平和解进程；其三，设想了由美国、俄罗斯、中国、巴基斯坦、伊朗和印度组成的六国机制，在阿富汗前政府与塔利班达成和解之后，美国要求联合国和有关六国召开国际会议，为阿富汗和平和解提供国际支持。

然而，美国从阿富汗“甩包袱”式撤军，最终导致阿富汗前政府垮台及塔利班的重新执政，这也意味着美国版阿富汗和平和解方案的失败。2021 年 8 月 15 日，塔利班占领首都喀布尔。同年 8 月 16 日，拜登总统在讲话中为美国撤军所引发的“战略溃败”辩解：一是俄罗斯等国希望美国继续陷入阿富汗泥潭；二是美国已经击毙了本·拉登，削弱了“基地”组织的力量，完成在阿富汗的作战任务；三是美国的使命不是来阿富汗推进国家建设，美国不应追求在阿富汗建立民主国家。② 实际上，拜登政府抛弃阿富汗前政府，放弃对塔利班的军事遏压，其深层目的是重新配置战略资源，及时将战略重心从阿富汗在内的大中东地区调整为印太地区，完成国家安全战略的大国战略竞争转向，并力求在战略竞争中占据优势。

第三，塔利班重新执政后，美国对塔利班“软硬两手兼施”。一方面，美国

① Alex Ward, “The Biden Administration’s Leaked Afghanistan Peace Plan, Explained,” March 8, 2021, https: //www. vox. com/2021/3/8/22319420/afghanistan-blinken-letter-leak-peace-plan.

② Kan Yuenyong, “Why Afghanistan Policy Turns out to be Bad?” April 22, 2022, https: //www. academia. edu/download/68962098/Good_ and_ Bad_ Policy_ R1_ PDF. pdf.

选择性忽视了阿富汗人民的利益，以经济制裁等“软权力”手段施压塔利班。2022年2月11日，美国政府将阿富汗央行冻结的70亿美元资产一分为二，“窃取”其中的35亿美元财产用于赔偿“9·11”事件受害者家属。此外，在美军使用无人机在喀布尔击毙“基地”组织头目艾曼·扎瓦希里（Ayman al-Zawahiri）后，美国政府认为塔利班为“基地”组织提供庇护，宣布暂不归还阿富汗中央银行的冻结资产。① 2022年9月14日，美国政府将阿富汗央行被冻结的35亿美元资产转移到瑞士信托基金“阿富汗基金”（Afghan Fund），声称用于帮助阿富汗稳定经济，塔利班则无法获得这笔资产。另一方面，美国始终保持对塔利班的强硬政策选项。一是与塔利班温和派务实接触，同时制裁激进的“哈卡尼网络”（Haqqani Network）；二是在阿富汗巴基斯坦地区进行“超视距反恐”（over-the-horizon counterterrorism）；三是加强与中亚国家的情报、反恐等安全合作。②

面对美国国内“撤军派”与“驻军派”的辩论，拜登总统组建了立场相对一致、以自身为核心的安全团队。拜登总统强化了其从奥巴马政府时期形成的撤军基调，延续了特朗普政府的对塔利班“妥协”政策，基本履行了撤军承诺，即完全、彻底地从阿富汗撤出所有军事力量。尽管美国放弃改造阿富汗以及打击塔利班的计划，但并未放弃在阿富汗及中南亚地区的战略存在。美国为维持其霸权地位，对塔利班政权“软硬两手兼施”，以经济制裁和国际承认为施压手段，始终保留强硬政策选项。

### （五）美国对阿富汗塔利班政策的演变特征

在2001年的“9·11”事件后，美国四任总统都高度介入阿富汗问题，最终以全面撤军及由此引发的战略大溃败收场。回顾美国与塔利班的博弈及其塔利班政策，可以归纳出如下特征。

第一，从政策目标的设置来看，美国的塔利班政策经历了干预、接触、妥协到再接触的过程，体现了政策的渐变性和延续性。小布什政府时期，美国高调介入阿富汗问题，随即又匆忙将反恐战略的重心转移至伊拉克，对阿富汗的战略投入明

① William Byrd, “Demands for Prompt Return of Afghan Central Bank Reserves Miss the Full Picture,” August 15, 2022, https://www.usip.org/publications/2022/08/demands-prompt-return-afghan-central-bank-reserves-miss-full-picture.

② Furqan Khan, “The Afghan Conundrum Taliban's Takeover and the Way Forward,” August 31, 2021, https://media.defense.gov/2021/Aug/31/2002843640/-1/-1/1/KHAN%20-%20AFGHANISTAN.PDF.

显不足，为塔利班的组织重组提供了土壤。奥巴马政府时期，美国企图扭转阿富汗恶化的安全形势，对塔利班打谈结合，以实现体面撤军，但是美国的接触政策没有取得预期效果。特朗普政府和拜登政府延续并强化了对塔利班的接触，签署和平协议，最终实现了从阿富汗撤军的目标，结束了“永远的战争”。在后撤军时代，美国与塔利班在反恐合作、人道主义援助等议题上存在再接触的空间。

第二，从政策执行的路径来看，美国的塔利班政策总体上是军事遏压和外交接触并用，体现了政策工具箱的多样性。小布什政府时期，美国一味强调对塔利班的军事打击，没有将塔利班纳入阿富汗战后政治安排，使其丧失了与塔利班媾和的机会，错失了结束阿富汗战争的战略时机。奥巴马政府推行带有“软实力”色彩的对塔政策，在打击塔利班崛起势头的同时，正式开启美塔接触。特朗普政府时期，军事手段服务于外交接触，美塔达成和平协议。拜登政府时期，美国彻底放弃对阿富汗的军事干预及战略改造，同时塔利班以阿富汗临时政府的身份与美国展开互动。

第三，从政策的实施效果来考察，美国的塔利班政策没有达到预期效果，助推了塔利班的重组及重新执政。在小布什政府时期，美国将反恐战争重心调整为伊拉克战场，既没有彻底清剿塔利班，也没有与塔利班达成战后的政治安排，塔利班得以在阿巴边境实现组织重组。在奥巴马政府时期，美国的反叛乱战略没有遏压住塔利班的中兴势头，对塔利班的分化瓦解和正式接触均没有达到预期效果。在特朗普政府时期，美国认识到塔利班崛起的事实，再也无法用军事手段解决阿富汗问题，遂与塔利班进行和平谈判及签署和平协议，这削弱了阿富汗前政府合法性，变相承认塔利班的合法地位。在拜登政府时期，美国履行和平协议、从阿富汗撤军以及推动阿富汗内部和解，被阿富汗人民片面地认为是塔利班战胜了美国。且阿富汗的传统价值普什图瓦里讲究“崇信强者、不同失败者为伍”，故阿富汗的地方实力派抛弃“失势”的阿富汗前政府，追随“得势”的塔利班。①

① 根植于阿富汗的普什图部落法则，民众的政治服从是跟随权力变迁而产生的，农村部落地区往往是“权力先行、支持随后”，地方实力派和军阀有着在合适时机转换阵营的传统，即追随者总是寻求能提供最大利益和安全保证的强者。参见弗雷德里克·巴特：《斯瓦特巴坦人的政治过程：一个社会人类学研究的范例》，黄建生译，上海：上海人民出版社2005年版，中文序，第4页；富育红：《美国在阿富汗的困境》，北京：中国社会科学出版社2019年版，第182—185页；Kriti M. Shah，“The Pashtuns, the Taliban, and America's Longest War,” *Asian Survey*, vol. 57, no. 6, 2017, pp. 981－1007。

综上所述，美国四届政府的塔利班政策经历了从军事遏压到外交接触的转折。“9·11”事件后，阿富汗政治格局的演变有五种可能性，美国的理想结果是塔利班崩溃或者加入阿富汗前政府（见图1）。由于小布什政府既没有剿灭塔利班，也没有将其纳入阿富汗政治安排，导致最理想方案成为最不可能结果。此外，美国推动的塔利班与阿富汗前政府的半正式和解（semi-formal reconciliation）与非正式和解（informal reconciliation）均没有成功。半正式和解与非正式和解的区别在于，前者是低级别的官方接触，塔利班与阿富汗前政府达成低级别的政治和解，后者是非官方性质的秘密接触，即塔利班与阿富汗前政府还停留在非官方的、小规模的接触。奥巴马政府开启了与塔利班的直接接触，特朗普政府时期美国与塔利班进行和平谈判及签署和平协议，拜登政府彻底将撤军与阿富汗内部和解脱钩，这就打击了阿富汗前政府合法性，并使其丧失了遏压塔利班夺权的最后时机。同时，塔利班以参与半正式的阿富汗和解进程来迷惑美国和阿富汗前政府，最终以武力夺取阿富汗政权，这就导致了塔利班重新执政的最坏结果的发生。

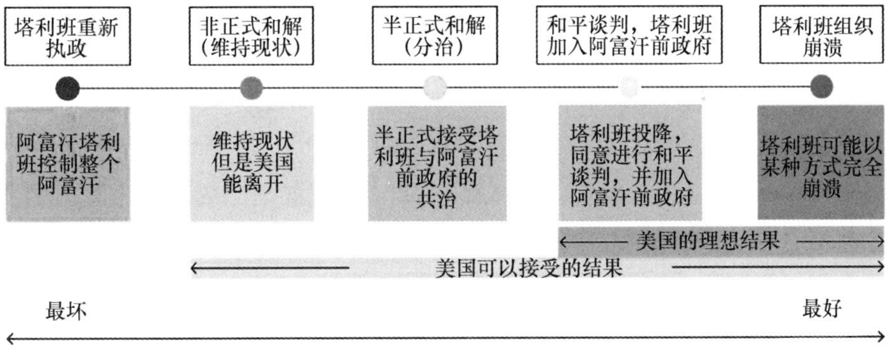


**图1 “9·11”事件后阿富汗政治格局演变的光谱**

注：该报告上网时间为2019年7月，其中一些判断与后续事实不符，笔者结合美国的塔利班政策演进，对图1作了相应修改和完善。

资料来源：Strategic Studies Institute and U. S. Army War College Press，“Recommendations for Success in Afghanistan，” July 1，2019，https：//apps. dtic. mil/sti/pdfs/AD1077391. pdf.

## 四　美国对阿富汗塔利班政策的走势及影响

在美国撤军及塔利班重新掌权后，美国对塔利班政策的整体走势，将围绕塔利班的承认问题、反恐承诺可靠性以及地区反恐合作展开。然而，美国在制定新的塔利班政策时面临着两难选择：一方面，美国无法绕过塔利班来解决阿富汗问题，必须让塔利班参与到阿富汗的人道主义、国际援助等议题中来；另一方面，在塔利班没有获得国际承认时，即使是最低限度的外交接触也会赋予塔利班政权的实际合法性。美国权衡各方利益得出的理性选择是：放弃武力推翻和改造塔利班，尽可能地将塔利班纳入美国的阿富汗及中南亚战略轨道上，推动塔利班对妇女、人权及包容性治理的尊重，在时机成熟与塔利班采取某种形式的反恐合作。① 整体而言，美国与塔利班的博弈导致了阿富汗两次地缘变局，美国与塔利班的互动不断搅动地区反恐局势，美国的权力政治思维更是加剧了阿富汗的大国政治博弈。

### （一）美国对阿富汗塔利班政策的走势

在塔利班重新掌权之后，美国与塔利班的博弈将围绕塔利班的外交承认、反恐承诺及反恐合作展开。当前，美国在阿富汗的国家利益主要有三个方面：一是安全利益，确保阿富汗不会成为反美反西方的恐怖主义“避风港”；二是道义利益，确保参与过美国在阿行动的阿富汗人的安全离开；三是政治利益，改善阿富汗的经济及人权状况，减少阿富汗及周边地区的反美主义。美国的塔利班政策面临三种选项：即接触政策（engagement）、孤立政策（isolation）和反对政策（opposition）。接触政策的优点是可以推进同塔利班的反恐合作，缓解阿富汗的人道主义灾难，缺点是将不可避免地赋予塔利班国际合法性，且实施的难度大、投入的资源多；孤立政策最容易实施，美国只需要延续对塔利班的经济制裁，拒绝承认其合法性，缺点是难以与塔利班进行反恐合作，无法改变塔利班的行为，并加剧了阿富汗人道主义危机；反对政策可行性最低，阿富汗缺少强有力的反塔武装，除非塔利班直接包庇、支持恐怖组织，否则美国不会武力推翻塔利班政权，且阿富汗陷入内战将引发更多的极端恐怖主义。② 综合考量美国的国家利益、政策实施成本和反恐合作等，与塔利班接触最符合美国国家利益。然而，随

① Kate Bateman, Asfandyar Mir and Andrew Watkins, “After al-Zawahiri's Killing, What's Next for the U. S. in Afghanistan?” August 2, 2022, https: //www. usip. org/publications/2022/08/after-al-zawahiris-killing-whats-next-us-afghanistan.

② James Dobbins, Andrew Radin and Laurel E. Miller, “Engage, Isolate, or Oppose: American Policy Toward the Islamic Emirate of Afghanistan,” May 2022, https: //www. rand. org/pubs/perspectives/PEA1540 - 1. html.

着美国关闭其驻阿富汗大使馆，制裁塔利班政权，美国有走向孤立塔利班的趋势。整体而言，美国欲要建立新型的美塔关系，必须超越狭隘的孤立和有限介入的混合政策，通过外交接触和发展援助引导塔利班走向美国的政策轨道。①

第一，美国与塔利班就外交承认问题展开博弈。在后撤军时代，美国可以通过外交承认、国际援助等方式改善与塔利班的关系。在国际社会，外交承认是一个政权合法性的重要来源。英国资深外交官、国王学院客座教授蒂姆·维拉斯－韦尔西（Tim Willasey-Wilsey）指出，塔利班获得国际社会的承认应满足以下要求：一是塔利班应组建更具包容性的新政府；二是塔利班应恢复女性教育；三是塔利班必须与阿境内的各种恐怖组织断绝联系；四是塔利班应承诺拒绝惩罚前政府成员；五是将“哈卡尼网络”成员从塔利班政府中除名。② 2023 年 2 月 20 日，美国、英国、法国等九个国家和欧盟组织在法国巴黎共同发表《阿富汗问题联合声明》，强调联合国安理会第 2593（2021）号决议阐明了国际社会对塔利班政权的期待：其一，阿富汗领土不应被用来威胁或攻击任何国家，计划或资助恐怖行为，或庇护和训练恐怖分子；其二，联合国和人道主义组织在阿富汗提供服务和援助时不受阻碍和安全通行；其三，尊重包括妇女和少数民族在内的所有阿富汗人的人权；其四，在妇女充分、平等和有意义的参与下，寻求阿富汗包容性的谈判，达成政治解决方案和实现法治；其五，出国旅行者享受安全通行和自由旅行的权力。③

美国与塔利班开展新型关系乃至承认塔利班，核心症结在于塔利班能否兑现反恐承诺。首先，塔利班组织的重要部分“哈卡尼网络”至今仍被美国认定为恐怖组织，其领导人西拉杰丁·哈卡尼（Sirajuddin Haqqani）还是美国重金通缉的对象，塔利班不顾美国反对将哈卡尼任命为新政府的内政部长。其次，塔利班的组织架构较为松散，不少底层士兵与极端组织共同作战，甚至还与中亚地区的恐怖组织有着千丝万缕的联系。可以预见，塔利班高层领导无法及时有效地约束混入其中的极端分子，而且塔利班内部的极端派势力仍十分强大。最后，塔利班如何与各种恐怖组织断绝联系。《美塔和平协议》规定塔利班必须切断与恐怖组

① Laurel Miller, “Protecting US Interests in Afghanistan,” *Survival*, vol. 64, no. 2, 2022, pp. 25 – 34.

② Tim Willasey-Wilsey, “What Stands Between the Taliban and Recognition?” November 11, 2021, https://rusi.org/explore-our-research/publications/commentary/what-stands-between-taliban-and-recognition.

③ The U.S. Department of State, “Joint Statement on Afghanistan,” March 7, 2023, https://www.state.gov/joint-statement-on-afghanistan-2/.

织的联系，塔利班希望通过关闭阿境内的“圣战”基地换取美国的让步。一是塔利班政权需要美西方国家的援助，包括让美国放松制裁；二是塔利班重新掌权后失去了与“基地”组织等联盟的意愿；三是塔利班的当务之急是巩固自身统治，没有庇护恐怖组织的动机。[①] 然而，塔利班与部分“三股势力”关系“暧昧”，彼此具有相似的宗教信仰，打击曾经的“盟友”或将导致塔利班的内部分裂，继续沆瀣一气又不利于其获得国际承认。

第二，美国与塔利班可能就地区反恐展开合作。美国图谋在阿富汗“撤而不离”，利用反恐议程继续影响地区局势。一是塔利班需要国际社会承认其统治合法性，打击恐怖主义可以塑造积极的、负责任的形象；二是美国联合其盟友伙伴，利用制裁、援助和舆论等手段向塔利班持续施压，逼迫其兑现反恐承诺；三是“三股势力”的外溢将严重威胁地区安全，美国利用地区国家的安全关切，将反恐议程塑造为美国干预地区事务的抓手。在拜登政府时期，美国将继续打击阿富汗地区的恐怖分子。美国常规军事力量的撤出并不意味着放弃在该地区的军事存在，后撤军时代美国将尝试在阿富汗推进“离岸平衡”（offshore balancing）。[②] 美国之前构想在巴基斯坦或中亚国家增设空军基地和特种作战部队，以前沿的“轻足迹”方式（light footprint）继续影响阿富汗局势，但中亚国家表示明确拒绝。美国通过先进的情报搜集手段进行弥补，并运用“航空母舰＋长航程无人机”的“超视距反恐”战术。

需要强调的是，塔利班希望建立符合阿富汗国情的伊斯兰制度，并没有推行全球“圣战”的“野心”。2020年2月20日，塔利班领导人之一的哈卡尼在美国《纽约时报》发表评论文章《我们塔利班想要什么》，系统阐述了塔利班组织的政治诉求：其一，美国从阿富汗全面撤军一直是塔利班抗争的首要目标；其二，塔利班希望建立一套符合阿富汗国情的伊斯兰制度；其三，塔利班将在相互尊重的基础上与国际社会进行友好交往。[③] 重新掌权后，为了获取国际社会的信

---

① Dino Krause and Mona Kanwal Sheikh, “The Taliban back in Power: An Assessment of al-Qaeda and IS Two Decades after 9/11,” August 20, 2021, https://www.diis.dk/en/research/the-taliban-back-in-power-an-assessment-of-al-qaeda-and-is-two-decades-after-911.

② Daniel Byman, “Will Afghanistan Become a Terrorist Safe Haven Again?” August 18, 2021, https://www.foreignaffairs.com/articles/afghanistan/2021-08-18/afghanistan-become-terrorist-safe-haven-again-taliban.

③ Sirajuddin Haqqani, “What We, the Taliban, Want,” February 20, 2020, https://www.nytimes.com/2020/02/20/opinion/taliban-afghanistan-war-haqqani.html.

任、援助乃至承认，塔利班会在一定程度上履行反恐承诺，与部分极端组织切断联系。2023年3月23日，塔利班政府代理外交部长阿米尔·汗·穆塔基（Maulvi Amir Khan Muttaqi）在半岛电视台发表评论，指出：阿富汗暴力行为水平在过去18个月内急剧下降，阿富汗正在建立一个独立、强大、统一的中央政府，这是阿富汗四十年来头一次；阿富汗伊斯兰酋长国愿意在平等、相互尊重和追求共同利益基础上发展与各国的友好关系，阿富汗与国际社会和解的机会已经出现；缓解阿富汗的人道主义危机是我们共同的道义责任，美西方试图通过加重阿富汗的苦难逼迫塔利班做出政治让步，这既不文明也不道德，美国应该解冻阿富汗的国家资产，并根据《多哈协议》解除所有制裁。①

第三，美国初步尝试与塔利班重启双边关系。2023年7月30日至31日，美国阿富汗问题事务特别代表托马斯·韦斯特（Thomas West），美国阿富汗妇女、女童与人权特使里娜·阿米里（Rina Amiri），美国驻阿富汗使团团长（驻地多哈）卡伦·德克尔（Karen Decker），与塔利班代理外长穆塔基在多哈举行正式会谈。美国方面认识到，塔利班为履行安全承诺作出了努力，包括不允许任何人利用阿富汗领土威胁美国及其盟友，针对阿富汗平民的大规模恐怖袭击也有所减少。同时，美国敦促塔利班改善人权状况、无条件释放被拘留的美国公民，并愿意与塔利班就经济稳定、妇女权益、禁毒等议题展开对话。② 半岛电视台评论员奥拜杜拉·巴希尔（Obaidullah Baheer）指出，美国与塔利班进行正式外交接触的背后逻辑是，美塔关系改善或将激励塔利班组建更有包容性的政府。本次会晤还取得三方面进展：一是美塔多哈会议的声明基本一致，表明双方高层都肯定了本次建设性对话；二是首次正式讨论了建立信任措施的问题，包括美国取消对塔利班的制裁和旅行禁令以及归还被冻结的阿富汗中央银行资产；三是为美塔双方日后更频繁的接触奠定了基础。③

总而言之，美国与塔利班的新一轮互动表明，美国放弃对塔利班的全面孤立

① Mawlawi Amir Khan Muttaqi, "Afghanistan is Ready to Work with the US, But Sanctions Must Go," March 23, 2023, https://www.aljazeera.com/opinions/2023/3/23/afghanistan-is-ready-to-work-with-the-us-but-sanctions-must-go.

② The U.S. Department of State, "Meeting of U.S. Officials with Taliban Representatives," July 31, 2023, https://www.state.gov/meeting-of-u-s-officials-with-taliban-representatives/.

③ Obaidullah Baheer, "The reset in the US strategy on engaging the Taliban may work," August 14, 2023, https://www.aljazeera.com/opinions/2023/8/14/the-reset-in-the-us-strategy-on-engaging-the-taliban-may-work.

或反对政策，逐渐形成以渐进式接触为主、以选择性遏压为辅的新型对塔政策。在塔利班长期执政已成定局的情况下，美国欲通过阿富汗的地缘支轴撬动中南亚地缘政治板块，必须制定更加理性、灵活和务实的对塔政策。与塔利班第一次执政时期的全面孤立不同，美国在塔利班二次执政时期任命了阿富汗事务代表和使团，并在多哈与塔利班进行外交接触。与此同时，美国将塔利班的国际承认与其国内行为挂钩，即塔利班在《多哈协议》的框架下政治解决阿富汗问题、尊重妇女权益并与恐怖组织彻底断绝联系。国际危机组织的格雷姆·史密斯（Graeme Smith）和易卜拉欣·巴希斯（Ibraheem Bahiss）在美国外交事务网站撰文指出，美西方与塔利班陷入了政治僵局。一方面，塔利班认为对美国妥协有悖于其基本价值观；另一方面，美西方抨击塔利班侵犯人权。正是美国对塔利班的经济制裁加剧了阿富汗的人道主义危机，美方应在阿安全与经济事务上与塔利班合作，推动阿富汗问题的政治解决。[①] 可以预期的是，塔利班的政权属性、执政偏好和历史记忆决定其难以满足美国的高期待，更不会放弃来之不易的国家独立，随美起舞并完全迎合美国的战略轨道，这就从根本上限制了美塔关系改善的限度。

### （二）美国对阿富汗塔利班政策的影响

作为阿富汗问题最重要的域外因素，自 2001 年以来的美国对塔利班政策，两次改变了阿富汗的政治格局，美国与塔利班的互动不断搅动地区反恐局势，美国的地缘竞争考量加剧了阿富汗的大国政治博弈。2021 年 8 月，塔利班推翻了美国扶持的阿富汗前政府，这标志着美国的塔利班政策及阿富汗政策的失败。在后撤军时代，美国对阿富汗政策主要体现为美国的塔利班政策。

1. 美国与塔利班的博弈导致了阿富汗两次政治变局、损耗美国国际威望

20 世纪末，阿富汗穆贾西丁政权无力终止军阀混战，塔利班打着“除军阀、禁毒品、促和平”的旗号，在 1996 年基本统一阿富汗全境，但是塔利班极端保守的内外政策使其自绝于国际社会。2001 年“9·11”事件后，塔利班更是包庇

---

① Graeme Smith and Ibraheem Bahiss, “The World Has No Choice But to Work With the Taliban: How to Help Afghanistan Without Normalizing Relations,” August 11, 2023, https://www.foreignaffairs.com/afghanistan/world-has-no-choice-work-taliban?check_logged_in=1&utm_medium=promo_email&utm_source=lo_flows&utm_campaign=registered_user_welcome&utm_term=email_1&utm_content=20230816.

“基地”组织与本·拉登，美国以反恐之名发动了第三次阿富汗战争，推翻了塔利班政权，扶持建立了阿富汗前政府，美国更借机在中国、俄罗斯和伊朗后方打入楔子，冷战后美国的战略力量第一次进入中南亚腹地。由此，美塔博弈促成了阿富汗第一次政治变局。经过20年阿富汗战争，美国国家安全战略重心从反恐重归大国战争竞争，将中国、俄罗斯视为其国家安全的重大威胁，阿富汗及地区反恐问题在美国对外议程的重要性下降。面临新冠疫情冲击、国内经济低迷、民众厌战情绪，美国安全精英秉持现实主义原则，放弃对塔利班的敌人认知，与塔利班进行和平谈判及签署和平协议，最终从阿富汗全面撤军，这宣告了美国的塔利班政策从“敌对”到“妥协”的转变。然而，美国的“甩包袱式”撤军重创阿富汗前政府，并导致塔利班重新上台执政，美国这一域外因素促成了阿富汗的第二次政治变局。

与此同时，美国对塔利班的“妥协”及塔利班的重新掌权，严重损耗其国际威望。美国在阿富汗20年的国家建设，不过是简单地移植美式民主制度，扶持建立的“民主样本”阿富汗前政府腐败无能，难以抵抗塔利班的攻势，在美国撤军之后一击即溃。美国对阿富汗的失败干预及塔利班的二次执政，再次验证了塔米姆·安萨利（Tamim Ansary）提出的阿富汗“无规则游戏”（game without rules）寓言：“外国干涉，不仅削弱了傀儡政权的执政能力，也破坏了喀布尔在阿富汗的权威……只有当外国势力从这个他们无力控制的国家撤出，阿富汗的城市（或农村）统治阶层重新掌权，阿富汗才能重新迎来团结的局面。”① 与此同时，美国几乎无条件地仓促撤军，引发盟友对其安全承诺的疑虑。美国在阿富汗20年的军事干预，让北约盟友付出了大量牺牲，最后以仓皇撤离结束，凸显了美国盟友伙伴在安全承诺问题上的联盟困境（alliance dilemma）。事实上，美国所谓的全球领导地位在很大程度上取决于其安全承诺的可靠性。如果美国不能信守盟约，盟国既担心牵扯进无关本国核心利益的战争，又担心在关键时刻被美国抛弃，自然难以与美国并肩作战。②因此，美国从阿富汗撤军的“喀布尔时刻”，再次验证了阿富汗“无规则游戏”的寓言，也引发了盟友对其安全承诺有效性

---

① 塔米姆·安萨利：《无规则游戏 阿富汗屡被中断的历史》，钟鹰翔译，杭州：浙江人民出版社2018年版，第380页。

② Matthew Kroenig and Jeffrey Cimmino, “The Strategic Consequences of America’s Loss in Afghanistan,” August 17, 2021, https://thedispatch.com/p/the-strategic-consequences-of-americas.

的质疑。

2. 美国与塔利班的互动不断搅动地区反恐形势

从 20 世纪 90 年代至今，塔利班与“基地”组织关系暧昧。通过本文的研究可知，在 20 世纪 90 年代初，美塔关系有过一段较为友好的时期，后来由于美国国内对塔利班人权问题的批评，尤其是塔利班庇护“基地”组织而遇冷，双方关系破裂的根本原因是美国没有满足塔利班融入国际社会的要求，同时塔利班拒绝了美国引渡本・拉登的请求。进入 21 世纪，“基地”组织策划并发动了“9・11”恐怖袭击，塔利班政权再次拒绝了美国的请求，这就直接引发了美国对塔利班的军事打击，塔利班也由此失去了政权。再次执政之后，塔利班与美国发展新型关系的一个重要前提是，塔利班履行美塔和平协议中的反恐承诺，与“基地”组织等在内的一切国际恐怖组织断绝联系。事实上，塔利班难以与“基地”组织彻底断联。

一方面，塔利班与“基地”组织有着一定的共同价值追求。自本・拉登潜逃阿富汗之后，塔利班的意识形态就开始受到“基地”组织“圣战”思想的影响。塔利班重组之后亟须“基地”组织等盟友的协助，“基地”组织还将塔利班视为其推进全球“圣战”的重要伙伴。另一方面，在塔利班成功夺权之后，美方评估认为塔利班仍与“基地”组织保持联系。“基地”组织在塔利班与美国的和平谈判以及与阿富汗前政府的内部谈判中均扮演顾问角色，塔利班借此获得合法性地位并且迷惑了美国和阿富汗前政府。2021 年 9 月，美国参谋长联席会议主席马克・米利（Mark Milley）在接受参议院军事委员会质询时表示，虽然撤军期间塔利班没有攻击美军，但该组织没有完全履行《多哈协议》的其他部分，尤其是塔利班暗中为“基地”组织提供庇护。①

3. 美国的权力政治思维加剧了阿富汗的大国政治博弈

长期以来，美国在阿富汗问题上坚持零和博弈的冷战思维。其一，美国认为巴基斯坦在美塔博弈中扮演“两面派”角色（double-dealing），指责巴基斯坦包庇塔利班势力。“9・11”恐怖袭击后，美国时任国务卿鲍威尔致电巴基斯坦总统佩尔韦兹・穆沙拉夫（Pervez Musharraf）：“你要么和我们站在一起，要么成

① Jim Garamone, “Taliban Remains Dangerous, Harbors al-Qaida, Joint Chiefs Chairman Says,” September 29, 2021, https://www.defense.gov/News/News-Stories/Article/Article/2793387/taliban-remains-dangerous-harbors-al-qaida-joint-chiefs-chairman-says/.

为我们的敌人。”① 美国卡托研究所的研究员萨哈尔·汗（Sahar Khan）指出，虽然巴基斯坦与美国构建了反恐联盟，但随着美国阿富汗战争的继续，巴基斯坦暗中支持塔利班和“哈卡尼网络”，美巴关系不断恶化。②实际上，巴基斯坦是美国在中南亚反恐的支点国家，为反恐战争做出了巨大牺牲。自奥巴马政府以来，美国借助巴基斯坦的力量向塔利班施压，巴基斯坦在促成美塔和平谈判及阿富汗的和平和解中发挥重要作用。在后撤军时代，美国仍需依赖巴基斯坦与塔利班的传统关系，以保持美国对阿富汗局势的影响。

其二，美国为了维持对阿富汗的地缘控制，不断挑动印度和巴基斯坦的对立。美国发动反恐战争推翻塔利班政权后，印度与北方联盟主导的阿富汗前政府保持亲密关系，并为其提供大量援助。亲巴基斯坦的塔利班回归，也就意味着印度在阿富汗的战略投入“打水漂”。巴基斯坦的阿富汗政策长期以来都是由巴军方和情报机构掌控，且巴军方与“哈卡尼网络”存在密切联系，这意味着巴方在新一轮对印博弈中占据优势。但塔利班的回归将给巴基斯坦安全形势带来一定的消极影响。一是阿富汗的难民潮加剧了巴基斯坦的国内压力；二是塔利班的胜利将刺激巴境内的“巴基斯坦塔利班”（TTP）等极端恐怖组织；三是塔利班不大可能在杜兰线（Durand Line）等历史遗留问题上对巴基斯坦妥协。巴基斯坦还担心，如果塔利班治理效能低下，或将导致阿富汗安全形势的恶化，并加剧阿富汗的大国政治博弈，并对美巴关系造成负面影响。

## 五　余论

本研究分析了从2001年以来美国四任总统的塔利班政策，时间跨度长达20年。小布什政府时期，美国使用武力手段推翻了塔利班政权，没有将塔利班纳入阿富汗战后政治安排，使其丧失了与塔利班媾和的机会。在奥巴马政府时期，美国转向打击、接触两手策略，大规模增兵打击塔利班中兴势头，并寻求与塔利班的外交接触。在特朗普政府时期，“商人总统”秉持交易原则，对塔利班以打促

① 穆沙拉夫：《在火线上：穆沙拉夫回忆录》，张春祥等译，北京：译林出版社2006年版，第197页。

② Sahar Khan, “Double Game: Why Pakistan Supports Militants and Resists U. S. Pressure to Stop,” September 20, 2018, https://www.cato.org/policy-analysis/double-game-why-pakistan-supports-militants-resists-us-pressure-stop.

谈效果不彰，转而寻求对塔利班的“妥协”，签署和平协议。在拜登政府时期，美国彻底放弃在阿战略“负资产”，全面、彻底地撤军，撤军后美国与塔利班在反恐合作、外交承认等问题上展开新一轮博弈。

具体而言，本研究得出的结论如下。

第一，美国的塔利班政策总体上是“遏压 + 接触”的混合。自 2001 年“9 · 11”事件以来，美国以反恐为名高调介入阿富汗问题。美国 20 年的塔利班政策经历了从军事打击到妥协接触的转向，总体上是“遏压 + 接触”并用。所谓的“遏压”主要有两重含义：一是不惜用战争手段打击地区恐怖组织；二是打击塔利班的极端强硬派势力。“接触”主要是指美国没有放弃与塔利班的交易妥协，即使在敌对时期也保持对塔利班的谈判姿态，将塔利班与“基地”组织、塔利班的温和派与强硬派区分开来，并企图施压分化塔利班。在后撤军时期，美国既保持对塔利班的和解选项，又在强化“超视距反恐”能力。

第二，美国的塔利班政策带有强烈的现实主义色彩。现实主义国际关系理论坚持了权力政治、国家利益等核心概念，认为大国的实力地位及威胁认知深刻塑造其对外政策。美国在国家实力处于相对高位时，将恐怖主义作为其国家安全的重大威胁，积极寻求在阿富汗及中南亚地区的权力扩张；在国家实力处于相对衰落时，将大国战略竞争作为其国家安全的首要威胁，缓和与塔利班的矛盾，主动调整军事部署，以“离岸平衡”的姿态干预地区事务。美国综合使用权力政治手段，不断校准其塔利班政策。美国对塔利班的打击抑或接触，在阿富汗的干预抑或撤出，其本质都是罔顾阿富汗人民的利益以护持自身霸权地位。美国打着维护“自由主义国际秩序”（the Liberal International Order，LIO）的旗号，在阿富汗强行输出美式民主，肆意侵犯和干涉阿富汗内政，给阿富汗人民带来了深重灾难。一言以蔽之，美国在阿富汗的干预及其塔利班政策的演变，充分体现了美国“善意霸权”“仁慈霸权”叙事逻辑的虚伪与荒谬。

第三，美国的塔利班政策为美国总体国家安全战略的调整服务。美国对塔利班政策的发展演变，昭示着阿富汗及反恐问题不再是美国国家安全战略的优先事项。一方面，美国在全球的战略重心从大中东地区转移到印太地区，在中南亚的战略重心从阿富汗转移到中亚地区；另一方面，美国国家安全战略的重心从反恐转为大国战略竞争，近期的政策重点是乌克兰危机问题。这就导致了阿富汗问题在美国对外政策中的重要性继续下降，或将重演 20 世纪末美国对阿富汗的战略忽视，其塔利班政策在中短期内出现了一定的战略模糊。在美国放弃对阿富汗问题深度介入的新常态下，通过与塔利班的有限接触，灵活使用制裁工具，大打外交承认牌，实施“超视距反恐”，并加强与中南亚国家的情报与反恐合作，可以在资源有限的情况下一定程度地保障美国的安全利益。

# Abstracts

World Politics Studies, Vol. 6 No. 2, 2023

**On the Knowledge System of China's International Political Economy**

[**Editor's Note**] General Party Secretary Xi Jinping stressed in his visit to the Renmin University of China on April 25, 2022, that "Accelerating the construction of philosophy and social sciences with Chinese characteristics is, in the final analysis, the construction of China's independent knowledge system." As an emerging field of international relations, international political economy was first developed in the 1970s in the West and was introduced to China soon afterwards. The process of China's reform and opening up has created an endogenous need for international political economy, while the deep soil of Marxist political economy in China is conducive to the localization of international political economy in China. Therefore, China's international political economy is not a simple transplant of Western knowledge system from the beginning, and instead, it was deeply rooted in the land of China. In the process of constructing China's independent knowledge system, undoubtedly, it is an important mission of China's scholars of international political economy to further promote the construction of the discipline system, academic system and discourse system of international political economy. For this reason, we invited nine well-known scholars to discuss this issue in multiple dimensions, and we expect that this group of articles will inspire the academic circles to think more deeply about how to construct China's independent knowledge system of international political economy.

## Welfare-chauvinism of Radical Right Parties and Policy adjustments of Mainstream Parties in Western Europe

**Qi Tianjiao**

[**Abstract**] The slowdown in growth, the uneven distribution of wealth and the differentiation of social classes in Western European countries have triggered the structural adjustment of party politics and the risen of populist parties. Among them, the radical right parties have won voters' support via anti-immigration and anti-globalization policies. In recent years, radical right parties have extended their issue to the socio-economic field, proposing a welfare chauvinist policy that excludes immigrants from social protection, thus satisfied the demands of the middle and lower classes for further redistribution to their own people. The welfare chauvinist policy of radical right parties is related to their use of vote-seeking strategies to respond to voters' concerns, as well as their pursuit of governing based on identity. Since welfare chauvinist policy competes with mainstream parties', in order to prevent the loss of voters, mainstream parties have made moderate policy adjustments. Although it has gained widespread attention, the development of radical right parties is also facing difficulties. In addition, the Ukrainian crisis and the new technological revolution may further affect the party politics of Western European countries.

[**Abstract**] Radical Right Parties; Mainstream Parties; Welfare Chauvinism; Policy Adjustment

[**Author**] Qi Tianjiao, Associate Editor, Institute of European Studies, Chinese Academy of Social Sciences; Deputy Research Fellow, Center of China-Germany Cooperation, Chinese Academy of Social Sciences.

## The Influence of Interest Groups on the Trump Administration's Middle East Policy

**Zhao Xiao**

[**Abstract**] The Trump administration's Middle East policy is in stark contrast to the Obama administration, adopting a radical policy of "close to Israel, uniting with Saudi Arabia, and containing Iran" . Compared with the analytical perspective of bureaucratic political model, presidential personality, and "personalization" of decision-making circles, the adjustment of U. S. policy in the Middle East is more influenced by interest groups. Interest groups participate in U. S. party politics through lobbying, funding, personnel appointments and local economies, thereby influencing the government and Congress to push Trump administration to adopt a policy of "one sided" toward Israel and strengthening alliances with Gulf Arab states. Compared with the two Democratic administrations, the influence of interest groups on the Middle East policy of the Trump administration is characterized by the "personalization" of decision-making circles, frequent turnover of people between groups, and the shaping of foreign policy by target countries, which are mainly caused by Trump's personality, the traditional influence of the Republican Party, and the special international environment. The Trump administration's Middle East policy is mainly influenced by intangible moral interest groups such as right-wing Jewish groups and Christian evangelicals, and tangible industrial interest groups such as the military-industrial complex and fossil fuel companies. The repetition of the U. S. Middle East policy is a microcosm of the serious differences in party politics in the country, and the change of political parties has led to the rise and fall of the influence of different interest groups on Middle East policy. Trump's re-election failure also reflects the limits of interest groups' influence.

[**Keywords**] Interest Groups; Party Politics; Trump's Foreign Policy; U. S. Middle East Policy

[**Author**] Zhao Xiao, Lecturer, Institute of Asian Studies (School of National Security), China Foreign Affairs University.

## Between Suppression and Engagement: The Evolution of U. S. Policy Towards the Afghan Taliban and Its Trend

**Pan Ziyang**

[**Abstract**] Since the September 11 terrorist attacks, the United States has been engaged in a twenty-year war in Afghanistan. Under American influence, the Taliban regime gained control over the country at first. And then it was removed from power. After that, it returned to power. These events have also witnessed the decline of the U. S. hegemony on the other hand. The interaction between U. S and the Taliban began during the Taliban's first period in power. Due to the serious differences between the two sides on the issue of the Taliban's diplomatic recognition and al-Qaeda sanctuary, the two sides eventually broke up. The U. S. policy towards the Taliban has undergone a transition from intervention to compromise, which is generally the combination of suppression and engagement. Additionally, the U. S. foreign policy not only failed to achieve the expected results, but also contributed to the return of the Taliban to power. In the post-withdrawal era, the U. S. has completely abandoned the use of force to combat and subvert the Taliban regime. The bottom line of U. S. policy is to ensure that the Taliban do not move towards a pro-terrorist regime, and the long-term U. S. interest is to bring the Taliban into the track of its South-Central Asia strategy. However, there are contradictions between the United States on the international recognition of the Taliban and its counter-terrorism commitment, which have laid a hidden danger for the two sides to develop a new type of relationship and fundamentally limited the height of U. S. -Taliban relations.

[**Keywords**] The United States; The Afghan Taliban; U. S-Afghanistan Relations; The Great Change in Afghanistan

[**Author**] Pan Ziyang, Ph. D candidate, School of International Studies, Renmin University of China.